장기려 우리 곁에 살다 간 성자

도움을 주신 분들

강명미 (전 동의의료원 간호 부장)
김서민 (전 청십자조합 사무국장)
김영환 (청십자신협 이사장, 전 스웨덴아동보호재단 사무국장)
박영훈 (복음병원 명예 원장)
손동길 (양산 삼성병원 상임이사)
정기상 (전 복음병원 사무처장)
조덕자 (한국재활재단 상리종합사회복지관장)
채규철 (전 두밀리자연학교 교장)
장기려기념사업회 (사무국장 백성호)
고신의료원 복음병원 (기획조정실장 정석훈, 홍보팀 조근녕)

도움 받은 책과 자료

장기려, 《장기려 회고록》, 규장
장기려, 《평화와 사랑》, 규장
채규철, 《사명을 다하기까지는 죽지 않는다》, 명작
부산일보사, 《임시수도천일》
성산간연구협회, 《성산 장기려 교수 고희기념논문집》
연간 《생명》, 성산생명의료윤리연구소
장기려기념사업회, 《선생이 함께 하신 발자취》 (성산 자료집 2)

봄나무 사람 책 01
장기려, 우리 곁에 살다 간 성자

2006년 3월 30일 초판 발행 | 2025년 7월 30일 25쇄 발행 | 지은이 · 김은식 | 그린이 · 이윤엽
펴낸이 · 김기옥 | 펴낸곳 · 봄나무 | 편집디자인 · 정재완 | 교열 · 신정숙 | 영업팀장 · 김선주 | 등록 · 제313-2004-50호(2004년 2월 25일)
주소 · 121-839 서울시 마포구 양화로 11길 13(서교동, 강원빌딩 5층) | 전화 (02) 325-6694 | 팩스 (02) 707-0198
이메일 · info@hansmedia.com | 도서주문 · 한즈미디어(주) | 주소 · 121-839 서울시 마포구 양화로 11길 13(서교동, 강원빌딩 5층)
전화 (02) 707-0337 | 팩스 (02) 707-0198

ⓒ 김은식, 2006
ISBN 89-92026-03-X 43810

* 이 책 내용의 일부 또는 전부를 재사용하려면 반드시 저작권자와 봄나무 양측의 동의를 얻어야 합니다.
* 책값은 뒤표지에 나와 있습니다.

장기려 우리 곁에 살다 간 성자

김은식 지음 이윤엽 그림

● 출간에 부치는 글

장기려 박사님……,
그분 생각이 날 때마다 이미 타 버린 눈물샘 때문에
흐르지도 못하는 눈물을 속으로만 삼킵니다.

— 채규철 (전 두밀리자연학교 교장)

    1968년 10월 30일, 하루아침에 내 운명이 바뀐 그날은 하늘이 맑았고 바람이 솔솔 부는 좋은 날씨였습니다. 덴마크 유학에서 돌아와 농촌 운동을 하던 나는, 그날 양계장 견학을 마치고 회의에 참석하러 가고 있었습니다. 시간이 조금 늦는 바람에 지름길로 달리게 되었는데, 그 길은 너무 험해서 지나가는 차도 사람도 거의 없이 한적했습니다.

    그런데 어느 순간, 우리가 탄 미니버스가 앞머리부터 기울기 시작하더니 약 10여미터 아래 언덕으로 구르기 시작했습니다. 미처 정신을 차릴 새도 없이 차는 순식간에 뒤집혀 버렸습니다. 그때 차 안에는 유아원 바닥을 칠할 때 쓸 시너 두 통이 실려 있었습니다.

    결국 우리는 그것을 온몸에 뒤집어쓰고 말았습니다. 그리고 얼마 뒤 시너는 여기저기서 튀어 오른 불꽃에 닿아

펑, 하고 폭발했습니다. 그와 동시에 우리들 몸은 시뻘건 불길에 휩싸였습니다.

나는 정신을 놓지 않았습니다. 그리고 창문을 힘껏 발로 차고 깨진 창틈으로 나와 동료들을 끌어내기 시작했습니다. 그러나 온몸에 붙은 불은 아무리 털어도 꺼지지 않았습니다. 마침 아래쪽 논에서 일하던 농부들이 뛰어와 입고 있던 옷을 벗어 불을 꺼 주었지만, 내 몸은 이미 한참이나 타 버린 뒤였습니다. 도저히 살 수 있을 것 같지 않았습니다.

덴마크에서 돌아와 시작한 일이 몇 가지 있었습니다. 그 가운데 두 가지가 내겐 아주 중요했는데, 부산 복음병원 원장으로 계시던 장기려 박사님과 시작한 '청십자운동'과 '부산모임' 이었습니다. 나는 이 두 가지 일에 대해 장 박사님께 유언이라도 하고 죽어야겠다고 생각했습니다.

엉망이 된 몸을 이끌고 지나가는 차를 향해 손을 흔들었습니다. 하지만 아무도 세워 주지 않았습니다. 기사들은 나를 보면 도망가느라 정신이 없었습니다.

"사람이 죽어 가는데……, 덴마크에서는 이러지 않아!"

아무리 고함을 쳐도 나를 태우려고 서는 차는 없었습니

다. 트럭도 자가용도 모두 그냥 지나갔습니다.

그때 이상하게 오른쪽 눈앞이 숯불처럼 빨갛게 되더니 사르르 꺼져 버렸습니다. 아마도 깨진 자동차 유리창 파편이 오른쪽 눈동자 속으로 뚫고 들어간 모양이었습니다. 나는 그때 한 쪽 눈을 잃었습니다. 그렇게 약 30분쯤 지나서야 동네 파출소에서 달려온 순경이 지나던 택시 한 대를 강제로 잡아 주었습니다. 나는 장기려 박사님 이름을 애타게 불렀습니다.

복음병원에 도착했을 때, 장 박사님은 회의 때문에 시내에 나가고 계시지 않았습니다. 나는 수술대에 누운 채 가능한 한 빨리 장 박사님을 불러 달라고 애원했습니다. 빨리 박사님을 만나서 그 동안 애써 벌여 놓은 의료조합 일에 대해 유언을 해야 한다는 생각뿐이었습니다. 그리고 얼마나 지났을까, 장 박사님이 뛰어오셨습니다.

"채 선생, 이게 어떻게 된 거요?"

"박사님, 제가 몇 시간을 더 살지 모릅니다. 청십자운동이랑 부산모임만큼은 꼭 잘 되도록 이끌어 주십시오, 제발……"

유언처럼 말을 마치자 장 박사님은 온몸을 소독하고 이

곳저곳 살피기 시작했습니다. 그야말로 혼신의 힘을 다한, 여섯 시간이 넘는 응급 처치였습니다. 당장은 수술을 받는 것도 위험했습니다. 의사들은 하나같이 살 가망이 없다고 말했지만, 그래도 나는 사는 데까지 살아야겠다는 생각으로 버텼습니다.

물이건 우유건, 주는 대로 젖 먹던 힘을 다 해 마셨습니다. 그 사이 장기려 박사님은 부산에서 제일 큰 침례 병원의 외과 과장으로 있던 테보라는 미국인 의사를 데려와 나를 보였습니다.

"우리 병원에는 화상을 치료할 약이 없습니다. 전문 의사도 없고, 시설도 부족합니다. 시설이 좋은 그쪽 병원에 입원시키면 살릴 수 있지 않겠습니까?"

테보 박사의 입에서 나온 첫 마디는,

"Hopeless!(가망 없습니다)"

였습니다.

"그래도 혹시 목숨만이라도 살릴 수 없을까요?"

"팔다리를 모두 자르면 목숨만은 살릴 수 있을지 모르겠습니다. 장담 하기는 어렵습니다만……"

두 사람은 영어로 이야기하고 있었습니다. 내가 영어를

모르는 줄 아는 모양이지만, 나는 그 이야기를 다 알아듣고 있었습니다. 고통은 참기 힘들 지경이었습니다. 나는 차라리 죽는 게 낫다고 생각했습니다.

"안 됩니다!"

장 박사님이 단호하게 말했습니다.

"생명은 하나님 손에 달린 것입니다. 제가 할 수 있는 데까지 최선을 다해 보겠습니다."

나는 지금도 그때를 생각하면 온몸이 떨려옵니다. 장 박사님과 테보 박사는 마음의 자세가 달랐습니다. 한 의사의 마음가짐과 생각에 따라 환자의 운명이 극과 극으로 달라질 수 있다는 것을 새삼 느꼈습니다.

그 순간, 장기려 박사님의 결단 덕에 나는 살아날 수 있었습니다. 그리고 청십자운동에 좀 더 힘을 보탤 수 있었고, 지금까지도 살아서 주어진 사명을 감당해 나가고 있습니다. 비록 '이티(이미 타 버린 몸) 할아버지'라고 불리는 불편한 몸이지만, 글을 쓰고 강연을 하고 아이들을 가르치는 데는 전혀 부족함이 없습니다.

나는 함석헌 선생님이 만들어 준 정신과 장기려 박사님이 만들어 준 몸으로 된 사람입니다. 그래서 돌아가신 지

10년이 넘었지만, 아직 그분을 잊을 수 없습니다. 그리고 그분 생각이 날 때마다 이미 타 버린 눈물샘 때문에 흐르지도 못하는 눈물을 속으로만 삼킵니다.

그분 이야기가 책으로 만들어져 나온다고 하니 감회가 새롭습니다. 전쟁 영웅이나 정치가들보다 먼저 기억되었으면 싶은 아름다운 의사 한 분이 우리 곁에 있었다는 것을 우리 청소년들도 알 수 있게 되었기에 말입니다.

그분 무덤에 세운 비석 뒷면에는 내가 쓴 비문이 새겨져 있습니다. 그 글귀를 다시 한 번 마음에 새기며 맺고자 합니다.

모든 것을 가난한 이웃에게 베풀고,
자기를 위해서는 아무 것도 남겨 놓지 않은
선량한 부산 시민, 의사, 크리스천.
이곳 모란공원에 잠들다.

● 차례

출간에 부치는 글

머리글

1. 피난길 17

2. 부산역 24

3. 제3 육군병원 29

4. 빨갱이로 몰려 33

5. 지하 취조실에서 38

6. 전영창과 만남 46

7. 복음병원 54

8. 전종휘 57

9. '공산당식' 월급 제도 63

10. 감사함 67

11. 휴전 72

12. 갈림길 78

13. 새 병원 83

14. 직원들 몰래 도망가시오 91

15. 부산의대 97

16. 태풍 사라호 102

17. 태풍 피해자들 106

18. 행려병자들과 함께 110

19. 다시 밤 기차를 타고 114

20. 함석헌 117

21. 간호학교 124

22. 청십자의료보험조합 131

23. 아름다운 희생 136

24. 청십자병원 143

25. 막사이사이상 151

26. 동베를린 155

27. 아내의 사진 162

28. 특권을 거부하고 167

29. 희망, 그리고 절망 173

30. 낙조 179

31. 종들의 모임 183

32. 내 흉상을 만드는 자,
    지옥에 떨어지리라 188

33. 바다에 뿌려 다오 192

34. 맺으며 198

연표 202

● 머리글

존경하는 마음과 부끄러운 마음

　의사는 환자를 앉혀 놓고 한참이나 말이 없었다. 그리고 말없이 고민하는 의사 앞에서 환자 역시 긴장하고 있었다. 혹시라도 쉽게 말해 줄 수 없을 만큼 무서운 병에 걸린 건 아닌지, 그렇지 않아도 까칠한 환자의 입술이 긴장으로 말라붙어 있었다.
　"이 병은 약으로 나을 수 있는 병이 아닙니다. 잘 먹고, 잘 자야 합니다. 다른 것 다 제쳐 놓고 고기라도 좀 사다 드세요. 지금은 약 없이 나을 수 있지만, 좀더 악화되면 아무 약도 소용이 없게 됩니다."
　아직 죽을병은 아니라는 소리에 '후욱' 하고 한숨 놓이는 소리가 난다. 그러나 그렇다고 그저 기뻐할 일도 아니다. 환자는 고개를 숙인 채 혼잣말을 하듯 기어 들어가는 소리로 중얼거렸다.
　"선생님, 고기가…… 어디서 난답니까. 풀죽 먹기도 빠듯한 걸요."
　특별한 병도 아닌 것을 의사가 한참이나 속으로 앓아댔던 까닭도 거기에 있었다. 누구나 알고 있을뿐더러 너무도 흔한 병, 거리에 널려 있어 따로 가리거나 진단할 것도 없는 돌림병 아닌 돌림병, 전쟁과 가난이 남긴 굶주림과 고단함이 굳이 말해 그 병의 이름이었다.

"나가다가 약은 제약실 말고 사무실에 들러서 이거 내고 받아 가세요."

묵묵히 의사는 처방전을 썼다.

'이 환자에게 닭 두 마리 값을 내주시오. 원장.'

그는 부산의 복음병원 원장, 장기려였다.

전쟁이 덮친 한반도, 그 날카로운 칼끝을 피해 모여든 사람들이 누더기가 된 몸과 마음으로 옹송그리며 부대끼던 부산. 그곳에서 의사라는 직업을 돈벌이에 이용하지 않고 무료로 이웃들을 치료했던 사람. 그리고 그의 손길마저 닿을 수 없는 이웃들을 위해 정부도 엄두를 못 내던 의료보험조합을 만들어 함께 사는 길을 터 보려고 발버둥쳤던 사람. 그래서 이 나라 최고의 외과 의사라 알려졌는데도 떠나는 날 통장에는 달랑 천만 원을 남겨 놓았던, 그러나 그마저도 간병인에게 선물로 줘 버리고 빈손으로 떠나갔던 그 사람, 장기려.

사람들은 그를 성자라고 하며 우러러본다. 혹은 나라 밖에 슈바이처와 테레사 수녀가 있다면 우리에게는 장기려가 있다고 자랑스러워하기도 한다. 그러나 곧 나와는 상관없는 별난 사람이라는 듯 저마다의 생활 속으로 들어가 잊어버리고 만다. 하지만 별난 것은 장기려라는 사람이 아니라 바로 우리일지 모른다. 길에 쓰러져 죽어 가는 이웃을 외면한 채 제 갈 길을 가는 것이 분명 정상은 아니기 때문이다.

장기려는 말하자면 단 한 번의 어김도 없이, 어디로 향하는 걸음이었든 상관없이, 그 냄새 나는 누더기 앞에 꿇어앉아 땀과 눈물을 흘리던 사람이었다. 말하자면 아무도 따라할 수 없는 능력을 가진 사람이 아니라 누구나 가야 할 길을 묵묵히 감으로써, 오히려 거꾸로 된 우리들의 모습을 드러내 보여 준 사람이었던 셈이다. 그래서 우리는 장기려를 바라보며 존경하기에 앞서 부끄러움을 느껴야 한다.

그가 평생 의지할 수 있었던 단 하나의 존재, 하나님은 그를 12월 24일에 거두었다. 당신의 아들을 이 세상에 보낸 날도 12월 24일이었으니, 그날은 그분이 특별히 사랑하는 날이 틀림없다. 그가 떠나고 열 번째 맞는 12월 24일에 이 글은 탈고되었다. 비록 아무 빛도 못 되겠지만, 그날에 소박한 꽃 한 송이 놓는 마음으로 조금 서두른 덕분이다.

성산 장기려. 그는 지금 어떤 생각을 하고 있을까? 아마 살아서는 오가지 못한 남북을 다니며 즐거워할 테고, 이래저래 뜻을 이어 가려는 후배들을 보며 또한 대견해할 게다. 그러나 당신이 천막 병원을 열던 시절보다 일 인당 국민소득이 이백 배나 불어났다는 오늘, 여전히 찬 바람을 몸으로 버텨 내는 가난한 이웃들의 삶에 또한 이백 배는 가슴 아파하고 있지 않을까?

도움을 주신 강명미, 김서민, 김영환, 박영훈, 손동길, 정기상, 조덕자, 채규철 선생님께 감사드린다. 바로 장기려 선생과 함께 그 신화 같은 이야기를 만들어 간 분들이다. 더불어 고신의료원 복음병원과 장기려 기념사업회 여러분께도 감사드린다.

2006년 3월 25일, 김은식

1. 피난길

"박사님, 이젠 정말 출발…… 해야 합니다."

아침까지만 해도 제법 아득하던 포성은 오후로 접어들면서 발밑을 들썩일 만큼 다가와 있었다. 게다가 더 잦아지고, 더 날카로워진 파열음은 그대로 칼날 같은 중공군의 기세를 느끼게 해 주고 있었다.

이제 금방이라도 누런 군복을 입은 군인들이 마당으로 들이닥칠 것 같았다. 안 소령이 먼저 입을 떼지 않았더라도 더 이상 출발을 미룰 수 없음은 장기려도 잘 알고 있었다. 그러나 장기려 일가족은 아직 확실한 결정을 내리지 못하고 있었다.

9월에 인천으로 상륙해 단번에 전세를 뒤집은 미군은 달포 만에 평양을 거쳐 두만강까지 기세 좋게 쳐 올라갔다. 그러나 겨울에 접어들면서 웬일인지 주춤거리더니, 이내 다시 후퇴한다는 말이 돌기 시작했다. 미군이 전력이야 막강하지만, 워낙에 좋은 날씨에만 전쟁을 하던 잘 사는 나라 군대인지라 지독한 함경도 겨울 추위를 견디지 못한다는 거였다. 게다가 추운 날씨에 익숙한 중공군이

인해전술로 밀고 내려온다고 하니, 잠시 물러섰다가 날이 풀리면 다시 올라가 전쟁을 끝내려 한다는 말도 있었다.

12월에 접어들자 이제 평양 시내까지 포성이 들리기 시작했다. 이미 다리마저 끊긴 대동강에는 후퇴하는 군대 물자를 위해 걸어 둔 부교만이 위태롭게 흔들거리고 있었다.

어쨌거나 남쪽으로 피난을 가야 할 것 같기는 했다. 낙동강에서 두만강까지 밀리는 동안 박살이 난 북한군 대신 전선으로 밀고 들어온 것은 벌 떼 같은 중공군이었다. 그리고 그들은 흉악하기 짝이 없어서 젊은이들을 닥치는 대로 죽인다는 소문까지 흉흉하게 나돌고 있었다. 대부분 헛소문이라고 했지만, 동네 어른들은 옛날 청일전쟁 시절 남의 땅에서 살인과 강간을 일삼던 청나라 군인들을 떠올리며 공포에 떨었다.

장기려가 지난 두 달 동안 근무했던 육군병원의 안광훈 소령은 장기려 가족을 대동강 건너까지 태워 주기 위해 병원 버스를 평양 신양리 집에 대놓고 있었다. 그러나 어차피 대동강을 건너서부터는 어떻게 먹고 자야 할지, 또 어디까지 걸어야 할지 모르는 상황이었다. 더군다나 이미 환갑을 훌쩍 넘긴 부모님을 무작정 잡아끌 수도 없었다.

1950년 겨울, 한반도에는 숱한 군인들의 손발가락을 썩게 만들었던 영하 30도 안팎의 역사적인 혹한이 몰아닥치고 있었다.

"얘, 아무리 중공군이라고 하지만 늙은이들을 어쩌겠니. 그리고 해 넘기고 날 풀리면 다시 보게 될 테니까, 우리는 여기서 집이나 지키고 있는 게 낫겠다. 너희들이나 얼른 떠나도록 해라."

"아버님, 그래도 어떻게 저희만 갈 수가 있습니까. 당장 내일 어떻게 될지 알 수 없는데, 같이 가시죠."

"아니다. 오히려 우리는 가다가 얼어 죽는다. 괜히 짐만 될 게야. 얼른 떠나거라."

장기려는 머리가 복잡했다. 이럴 수도 없고 저럴 수도 없었다. 안광훈 소령 얼굴에 초조한 빛이 가득했다. 뭔가 결단이 필요했다. 그때 아내가 아이들을 데리고 버스에서 내려섰다.

"여보, 그냥 출발하세요. 제가 남아서 부모님 식사라도 챙겨 드리고 있을게요. 겨울만 나면 다시 올라온다니까, 몇 달만 서로 고생 좀 하지요. 아이들도 아직 어려서 멀리 가기는 어려우니까 가용이만 데리고 가세요."

다섯 남매 가운데 집에 남아 있는 아이들은 넷이었다. 약 조제사로 일하던 맏아들 택용이는 전쟁이 일어나자 곧 인민군 장교로 징집되어 가고 없었다. 열여섯 살 된 차남 가용이가 중학교 2학년에 다니고 있었고, 그 아래인 맏딸 신용이는 열한 살, 성용이가 아홉 살, 막내 인용이는 이제 고작 여섯 살이었다.

사실 이 추위에 나이 드신 부모님이 먼 길을 떠나기란 어려운 일이었다. 그렇다고 부모님만 남겨 두는 것도 곤란하기는 마찬가지였다. 그리고 혹시라도 돌아올지 모를 택용이를 위해서도 집을 모두 비우는 것은 마음에 걸렸다.

이제 시간이 없었다. 어떻게든 결정을 내려야 했다. 그러나 아무리 생각해도 엄마 치마꼬리를 채 놓지 못한 아이들까지 데리고 길을 나서는 것은 너무 위험한 일이었다. 게다가 열일곱에 군에 끌려간 택용이를 생각하면 둘째 가용이라도 미리 피하게 하는 것이 나을 듯도 했다.

'그래, 이 겨울만 나면 된다. 늦어도 내년 봄이면 다시 만날 수 있다. 중공군이 못된 짓을 한다고는 해도 노인이나 애들을 어쩌기야 하겠나.'

문득 그런 생각이 들었다. 마당에 세워진 버스는 재촉

이라도 하듯 부릉부릉 헛바퀴를 굴리고 있었다.

"그럼, 잠시만…… 다녀오겠습니다. 여보, 당신이 수고 좀 해 줘야겠어. 가용이랑 잠시 내려갔다가 날 풀리면 곧장 돌아올 테니까."

"그럼요, 걱정 마세요. 길어야 서너 달인데요 뭘."

순식간에 이루어진 작별이었다. 그러나 그 순간에는 누구도 알 수 없었지만, 그것은 너무나도 긴 이별의 시작이었다.

너무 오래 지체한 버스는 허겁지겁 달려 대동강을 건넜다. 끊어지기 전 마지막 부교는 이 겨울만 넘기면 되리라고 믿고 있는 숱한 아버지와 남편들로 부대끼고 있었다. 병원 버스는 그들의 부러움과 질시를 받으며 달려 주었지만, 그것도 부교를 건널 때까지만이었다.

피난길은 당초 생각보다도 훨씬 고단했다. 대동강을 건너 버스에서 내린 장기려와 가용은 개성까지 닷새를 걸어야 했고, 개성에서는 서울로 가기 위해 아수라장이 된 기차 안에서 부대껴야만 했다. 그나마 뼈가 제법 굵어진 가용이었으니 망정이지, 아직 학교도 들어가지 못한 여섯 살배기 인용이 같았다면 결코 견디지 못할 일이었다.

그러나 서울에 도착했다고 해서 끝날 길이 아니었다. 처음 떠날 때는, 유엔군이 서울을 포기하고 후퇴한다는 것을 상상조차 하지 못했다. 그래서 어떻게든 서울에만 도착해 겨울을 나면 다시 평양으로 돌아갈 수 있을 거라고 굳게 믿고 있었다.

서울은 이미 닷새 전의 평양과 다르지 않았다. 사람들은 저마다 두 번째 피난 짐을 꾸리고 있었고, 미군이 후퇴한 것은 딱히 혹한 때문이 아니라 백만 대군이라는 중공군의 위세가 워낙 대단하기 때문이라는 소문이 파다하게 퍼져 있었다. 서울에서 사흘 동안 장기려 부자를 돌봐 주었던 사촌 형 장기원도 부산으로 가야 할 것 같다며 힘없이 말했다.

장기려는 다시 부산행 기차를 탔다. 견디기 힘든 추위와 배고픔, 한 발 들면 다시 디딜 곳을 찾을 수 없을 정도로 빼곡했던 짐칸만도 못한 사람 칸, 진동하던 토악질 소리와 참기 힘든 대소변 냄새들, 그리고 알 수 없는 미래에 대한 두려움이 음습하게 출렁거렸던 열차는 무려 나흘을 달리고 나서야 부산에 들어섰다. 1950년 12월 18일, 평양을 떠난 지 꼭 보름째 되던 날이었다.

2. 부산역

 부산역 광장에 우두커니 서서 장기려는 현기증을 느꼈다. 밖으로 흘러나와야 할 눈물이 거꾸로 돌아 머릿속에서 소용돌이치는 것인지도 몰랐다. 그 순간, 그는 가족과 고향집, 직장, 그리고 이웃과 제 이름까지 모두 잃은 가련한 벌거숭이였다.

 끝을 알 수 없는 두려움이 한없이 밀려들었다. 슬픔과 죄책감을 곱씹을 틈조차 없던 보름 동안의 악다구니 끝에, 그는 거의 넋을 잃고 말았다. 바람은 더욱 세차게 온몸을 휘감았다. 문득 정신을 차려 보니, 지금껏 단 한 번도 와 본 적 없던 갯바람 날리는 부산에 그는 닿아 있었다.

 그의 고향은 평안도 용천, 한반도의 북서쪽 끄트머리였다. 그리고 부산은 그 맞은편, 동남쪽 끝이었다. 그러고 보면 전쟁의 여파는 한반도를 대각선으로 가로지른 반대편으로 그를 몰아 대고 있었다.

 그는 마름의 자손이었다. 할아버지는 대지주 밑에서 소작지를 관리해 쌀 400석을 타작할 정도로 여유가 있었고, 아버지는 그 재산을 바탕으로 고향에 학교를 세우기도 했다. 장기려는 자기 아버지가 세운 학교를 다닌 동네 귀공자였다. 학생 시절 가세가 기울기는 했지만, 의사가 된 덕분에 식민 지배와 전쟁 중에도 남 같은 고생은 면할 수 있었던, 어찌 보면 복 받은 사람이라고 할 수 있었다.

그러나 한반도 남쪽 끝 낯선 땅에서 그는 절망했다. 그는 더 이상 포기할 특권조차 가지지 못한, 그저 굶주림과 땟국물에 절은 불쌍한 '삼팔따라지'(그 시절 남쪽 사람들은 '삼팔선'을 넘어 피난 내려온 북쪽 출신들을 투전에서 세 끗과 여덟 끗이 더해져 가장 낮은 등급이 되는 '따라지'에 비유해 '삼팔따라지'라고 조롱하곤 했다)에 지나지 않았다. 뿐만 아니라 그에게는 남겨두고 온 가족 걱정과 죄책감에 시달릴 틈조차 없었다. 바로 옆에서 배고프단 말 한마디 못할 만큼 지쳐 있는 아들 가용이와 자신의 하루살이 걱정 때문이었다.

우선 일자리부터 찾아야 했다. 의사로서도 가장 앞길만을 달려오는 동안 한 번도 일자리 걱정을 해 본 적 없던 그였기에 더욱 막막했다. 도대체 어디를 찾아가서 무슨 말로 일자리를 부탁해야 할지 알 수 없었다. 그나마 피난 열차 안에서 들은 것인지, 아니면 부산역 광장에 선 채 넋을 놓고 있는 사이 바람결에 귓속으로 흘러 들어온 말이었는지, 해군본부 군의감이 평양 사람이라는 풍문 하나에 마음을 기대고 무작정 해군본부를 찾아 나섰다.

처음 와 본 부산은 모든 것이 낯설었다. 사람은 물론 길도 생소했고, 처음 듣는 부산 말씨는 마치 외국말처럼 설기만 했다. 게다가 길거리에 오가는 사람 대부분은 장기려와 별반 다를 것 없이 넋이 나가 버린 피난민들이었다.

그런 부산에서 해군본부를 찾아가는 것도 쉬운 일은 아니었다. 길에서 길을 물으면, 셋에 하나는 모른다고 했고, 하나는 채 알아듣기도 어려워 고개만 주억거리다가 물러났다. 그리고 다른 하나가 알려 주는 길은 엉뚱한 항구나 군부대로 이어지기 일쑤였다. 그렇게 갈팡질팡 흔들려 다니다가 결국 해군본부 위병소 앞을 찾아 도착한 것이 12월 21일이었다.

그러나 애초에 해군본부에서 초대장을 보낸 것도 아니고, 구인 광고를 낸 것도 아니었다. 또한 군인 신분도 아닌 데다가 아는 사람이 있는 것도 아니었다. 더구나 언제라도 간첩 취급을 받을 수 있는 이북 출신 월남자에게 저 철옹성 같은 군부대 위병소를 통과할 방법은 도무지 있을 것 같지 않았다. 장기려는 위병소가 마주 보이는 곳쯤에

쭈그려 앉아 턱을 괴었다.

'어떻게 말을 꺼낸다…….'저는 장기려라는 사람입니다'라고 할까? 아니, 장기려가 누군지 어찌 안단 말인가. '군의감 님을 뵈러 왔습니다' 할까? 그런데 군의감 이름이 뭔지도 나는 모르지 않나. 차라리 그냥 '혹시 이곳에 의사가 필요하지 않습니까?' 하고 물어볼까?'

시간이 얼마나 흘렀는지 몰랐다. 문득 지금쯤 고향 집은 어찌 되었는지 걱정스러웠다. 겁먹은 눈이 애처롭던 딸 신용이의 얼굴도 겹쳐 들었다. 그리고 부모님을 위해 남겠다며 버스에서 내려서던, 애써 태연한 척 손을 흔들던 아내의 얼굴이 떠올랐다.

'후우……, 어떻게 해야 할까…….'

장기려는 아예 눈을 질끈 감아 버렸다. 그리고 고개를 홰홰 저었다. 곁에서 가용이는 채 여물지 않은 나이에 험한 세월을 만나 배고프다, 다리 아프다 칭얼대지도 못하고 눈만 껌벅이고 있었다.

그때 위병소를 나서는 장교 하나가 눈에 들어왔다.

'저 사람은…….'

얼른 이름이 떠오르지 않았다. 하지만 분명히 아는 얼

굴이었다. 장기려는 벌떡 몸을 일으켜 그 장교 쪽으로 다가갔다. 그에게 다다르기 전까지 그의 이름을 떠올려야만 했다. 실눈을 뜨고 대각선으로 그의 궤적을 좇으며 분주하게 되짚었다.

'누구였더라. 분명히 아는 얼굴인데……'

그 장교도 자신에게 다가서는 심상치 않은 발걸음을 느낀 것 같았다. 미처 장기려가 그 이름을 떠올리기 전이었다. 그는 발걸음을 멈추고 다가오는 이의 얼굴을 뜯어보기 시작했다. 그 역시 얼른 떠오르지 않는 모양이었다.

"저……, 저기…… 고향이……."

"혹시, 장 박사님…… 장기려 박사님 아니십니까?"

"아, 예……."

"아니, 이게 어떻게 된 일입니까?"

다행히 저편에서 먼저 아는 기색을 했다. 그 장교는 고향에서부터 알고 지내던 이상요 대위였다. 이 대위는 스무 날 가까이 굴러 온 피난민의 지친 모습에서, 언제나 깔끔하던 의사 장기려의 얼굴을 쉽게 찾아보지 못했다. 그러나 곧 캐묻지 않아도 알겠다는 듯 손을 잡고 사무실로 안내했다.

3. 제3 육군병원

긴 설명이 필요하지는 않았다. 평양에서 아들 하나만 데리고 떠나 부산에 온 지 사흘째라는 말로 충분했다. 나머지는 급히 내온 건빵이며 전투 식량 따위를 게 눈 감추듯 주워 삼키는 가용이의 터질 듯한 볼이 말해 주었고, 누더기가 다 된 행색에 초점을 잃어버린 장기려의 눈빛이 말해 주고 있었다.

이상요 대위는 장기려의 손을 잡고 멀지 않은 남일국민학교로 갔다. 그곳에는 제3 육군병원이 임시로 들어서 있었다. 해군 군의감은 아니었지만, 그곳 병원장은 평양의전을 나온 정희섭 대령이었다. 장기려로서는 초면이었는데, 정희섭 대령은 장기려라는 이름을 벌써 알고 있었다. 조선 최고의 의학자로 유명한 백인제 교수의 수제자인데다, 한국인으로서 의학 박사 학위를 받은 사람이 열 손가락으로 꼽을 만큼 드물던 때, 서울에 있는 교수 자리를 마다하고 평양으로 갔던 이가 다름 아닌 장기려였기 때문이었다.

그날부터 장기려는 육군병원에서 환자들을 보기 시작

했다. 군부대였기 때문에 따로 먹고 잘 걱정은 하지 않아도 되었다. 가용이와 함께 간부용 막사에서 눈만 붙이면 그만이었고, 끼니도 군인 식당에서 때우는 걸로 충분했다. 가용이도 약국에서 심부름을 하며 한몫 거들었다.

밖에 넘쳐 나는 피난민들과는 비교할 수 없는 호강이었지만, 피난 시절 군부대 살림도 넉넉할 리는 없었다. 국과 반찬은 늘 콩나물과 배추로 만든 것뿐이어서, 가용이는 그 시절 질려 버린 콩나물을 평생 먹지 않았다.

전쟁 중 군병원은 처참했다. 더구나 1950년 6월부터 1953년 7월 사이 한반도에서 벌어졌던 전쟁은 세계 역사상 가장 좁은 전장에서, 또한 가장 짧은 기간에 가장 많은 사람이 죽임을 당한 전쟁으로 기록되어 있다. 총탄과 포탄에 찢어지고 꺾여진, 혹은 동상으로 뭉개져 버린 팔다리를 떨며 까무러친 환자들이 끝도 없이 밀려왔다.

장기려는 외과 의사였다. 그 처참한 환부를 꿰매고, 붙이고, 잘라 내고, 지져 대는 일이 그의 몫이었다. 그는 때때로 주저앉고 싶을 만큼 괴로웠다. 과로 때문만은 아니었다. 병상에 누워 있는 병사들의 모습에서 큰아들 택용이의 얼굴이 자꾸 떠올랐고, 이 참혹한 전쟁의 한복판에 남겨 두고 온 아내와 가족들의 모습을 도저히 지울 수 없기 때문이었다.

그럴 때마다 장기려는 삼일교회를 찾았다. 그곳에는 전쟁이 나기 전에 월남한 산정현교회의 한상동 목사가 목회를 하고 있었다.

평양 산정현교회는 민족혼이 살아 숨쉬는 교회였다. 일본의 식민 지배를 받던 시절, 신사참배를 하라는 강압적인 요구에도 끝까지 저항해 받아들이지 않았다. 그러던 중 감옥에서 순교한 주기철 목사는 산정현교회를 넘어 한국 교회의 자존심이기도 했다. 그곳에서 한상동 목사는 주기철 목사의 뒤를 이어 목회를 했고, 그때 장기려도 그 교회의 장로로 있었다.

장기려는 북쪽 김일성 정권 아래에서도 기도하는 의사로 유명했다. 날마다 아침 기도하는 것으로 하루를 시작했고, 수술실에 들어갈 때면 환자의 손을 꼭 잡고 하나님의 도움을 간절히 청했다. 심지어 김일성대학에서 일해 달라고 했을 때도 일요일에는 교회에 가야 하기 때문에 일할 수 없다는 조건이 받아들여지고서야 수락했을 정도였다. 북한은 종교를 인정하지 않고 있었지만, 장기려만큼은 아주 특별히 배려했던 것이다. 이렇듯 장기려라는 사람에게 하나님과 교회는 집보다 편안한 삶의 쉼터였고, 수술실보다 더 치열한 정진의 터전이었다.

평양을 떠나던 그날 오전에도 장기려는 산정현교회에서 기도를 드렸다. 앞으로 닥쳐올 고난에서 우리 민족과 가족을 지켜 주시고, 하나님을 섬기는 마음과 진정한 삶의 가치를 잃지 않도록 해 달라고 간절히 매달렸다.

그로부터 한 달이 채 안 되는 시간이 흘렀을 뿐이지만, 장기려는 가슴이 아프고 목이 메었다. 예배당 한구석에서 두 손을 모으고 눈을 감는 순간, 수십 년 동안의 시간 여행 끝에 제자리로 돌아온 것 같은 현기증을 느꼈다. 길을 잃고 헤매다 돌아와 안긴 어머니의 품에서처럼 걷잡을 수 없이 눈물이 흘렀다.

'하나님……'

장기려는 한참이나 뱃속으로 울음을 삼켰다. 문득 '내가 다 안다, 내가 다 안다' 하시는 듯, 따뜻하게 어깨를 감싸 안는 하나님의 넓은 품이 느껴졌다. 그 안에서 장기려는 하소연하고, 애원하고, 또 힘을 잃지 않도록 스스로를 다그쳤다. 그리고 외딴 곳 부산에서 그나마 일자리와 잠

자리라도 마련할 수 있게 된 것에 감사를 드렸다. 그는 비로소 조금씩 안정을 되찾을 수 있었다.

4. 빨갱이로 몰려

1950년 12월 24일, 육군병원에서 일한 지 사흘째. 간신히 한숨 돌렸다 싶을 즈음, 문득 성탄절은 다가와 있었다. 장기려는 온 가족이 함께 드렸던 지난해의 성탄 예배가 떠올랐다.

졸지에 불구덩이로 변한 한반도, 그 남쪽 끝 초라한 피난지에서도 성탄 종은 울렸다. 크리스마스를 고향에서 보낼 줄 알았던 미군들은 너나없이 허탈감에 빠져 있었다. 주린 배를 채워 줄 음식 찌꺼기라도 얻을까 싶어 미군 부대 앞을 배회하던 아이들에게는 낯선 나라의 명절이 낯설기만 했다.

그러나 기독교인들에게 12월 24일 밤은 또 다른 간절한 뜻이 담겨 있었다. 이스라엘 시골 마을 마구간에서 태어난 한 아기가 인간을 구원한 빛이 되었듯, 이곳 처참한 피난지에서 드리는 성탄 예배가 곧 온 가족이 모여 드리는 기쁨의 예배가 되기를 바라고 있었다. 그런 애틋한 소망들이 모인 초량교회에서 장기려는 오랜만에 웃는 얼굴이 되어 메리 크리스마스를 외칠 수 있었다.

교회 밖은 혹한이었다. 장기려는 옷깃을 바짝 세우고 교회를 나섰다. 그 뒤를 가용이 따라 나왔다. 입가에는 오랜만에 되찾은 웃음이 아직 남아 있었다.

"장기려 선생님이십니까?"

낯선 젊은이 둘이 옆으로 다가섰다.

"예, 그렇습니다만."

두 젊은이는 서로 눈치를 주고받더니 대뜸 팔짱이라도 끼려는 듯 양옆으로 바짝 붙어 섰다.

"조사할 게 있소. 같이 좀 갑시다."

"아니, 무슨 일이신데……, 어디서 오셨습니까?"

젊은이들은 더 이상 말이 없었다. 귀찮은 짐짝이라도 나르듯 그저 묵묵히 한쪽으로 장기려를 잡아끌었다. 그쪽에는 검은 지프차가 한 대 세워져 있었다.

"아, 아버지, 아버지!"

가용이는 옆에서 어쩔 줄 모르고 아버지를 부르며 맴돌

았다. 가용은 지금 눈앞에서 벌어지는 일이 도대체 무엇을 뜻하는지 조금도 알 수 없었다. 하지만 뭔가 기분 나쁜 불안감이 드는 건 떨쳐 낼 수 없었다.

"왜들 이러시는 거예요."

가용은 벌써 울먹이고 있었다.

교회 문 앞에서 예배를 끝내고 떠나는 이들과 인사를 나누고 있던 한상동 목사와 몇몇 교인들도 이상한 낌새를 느끼고 달려 나왔다.

"아니, 무슨 일이오? 당신들 어디서 왔습니까? 장로님을 어디로 데려갑니까?"

당황한 사람들 틈에서 순식간에 장기려를 태운 검은 지프는 아무 말도 없이 어둠 속으로 미끄러져 들어가 버렸다.

"아버지……."

가용은 무서웠다. 어쩌면 아버지가 영영 돌아오지 못할지도 모른다는 생각이 들었다. 그동안 억눌렸던 설움과 두려움이 한꺼번에 밀려들어 결국 울음보가 터지고 말았다.

"괜찮아. 너무 걱정하지 마라. 지프차를 타고 온 것 보니까 어디 군부대나 기관에서 온 사람들일 게다. 깡패들은 아니니까 그나마 다행이야. 내가 알아보마. 너무 걱정하지 마라."

한상동 목사가 황망한 표정을 애써 감추며 가용의 어깨를 감싸 안았다.

고통은 때때로 인간을 악마처럼 만들기도 한다. 전쟁에 진 뒤 공황에 찌든 독일인들이 유태인을 학살함으로써 제 살 길을 찾으려 했던 일이나, 대지진이 덮친 일본 관동 지역에서 조선인 사냥이란 야만스런 짓이 벌어진 것은 그 좋은 예이다. 일본 예비 학교 준비생 시절 관동 대지진을 몸소 겪어야 했던 함석헌 선생은 이렇게 되돌아보았다.

"……평소에 그렇게 인정 있고 맑은 사람들, 아침마다 만나면 '오하요 고자이마스', '이이 오겡기 데스네' 하던 사람들, '길은 길동무가 있어야, 세상은 인정이 있어야' 하던 사람들, 말마다 '기리 닌조'(義理 人情) 하던 사람들, 그 사람들 그럴 줄 몰랐습니다. 그 엇메었던(이쪽 어깨에서 저쪽 겨드랑이 밑으로 걸어서 멘다는 뜻) 일본도, 그 깎아 들었던 대창, 그 증오에 타는 눈들, 그 거품을 문 이빨들, 어디서 그것이 나왔을까? ……나는 정말 불길 속에 앉아 학살의 소식을 들으며 젊은 마음이지만 슬펐습니다. 야, 일본이 요것밖에 못 되느냐. 밉기보다는 차라리 가여웠습니다."

전쟁 중 남쪽과 북쪽에서는 각각 빨갱이 사냥과 백색 분자 숙청으로 수십만이 넘는 억울한 목숨이 죽임을 당했다. 그것은 공산주의와 자유주의라는 이념 대립 때문이기도 했지만, 더 크게는 감당하기 어려운 고통이 일깨운 악마 같은 본성 때문인지도 몰랐다. 전쟁이 몰고 온 고통과 불안, 피해 의식에 국가주의, 반공주의, 혹은 지역주의 따위 기묘한 정치 이념이 길을 터서 끔찍한 테러와 학살이 일어나곤 했던 것이다.

장기려가 피난 와 살던 부산 거리도 다르지 않았다. 위로는 방첩부대나 경찰 정보부 같은 국가기관으로부터 아래로는 서북청년단, 반공청년단이라는 이름으로 몰려다니던 깡패들까지 사소한 꼬투리만 잡혀도 빨갱이로 몰아 잔인한 폭력을 퍼붓는 일이 되풀이되었다.

그들의 감시 대상은 대개 북쪽에서 내려온 월남자들이었다. 월남자들은 북한 정권, 혹은 인민군과 혈연이나 지연으로 엮여 있기 때문에 북쪽과 내통할 수도 있다는 이유 때문이었다. 그러고 보면 장기려는 북쪽 출신인데다가, 북한 정권에게 꽤 높은 지위와 대우까지 받았던 인물이다. 누가 봐도 의심할 만했던 셈이다.

앞뒤를 가리기 힘든 전쟁 중이었지만, 그래도 국가기관에서는 조사도 하고 재판도 거치게 되어 있었다. 그러나 마구잡이로 날뛰던 테러 조직들은 달랐다. 마치 개인의 분노나 원한을 풀 듯 무수한 사람을 죽이고 다치게 만들었다. 한상동 목사가 그나마 국가기관에서 온 사람인 듯해서 다행이라고 한 것도 그래서였다.

한상동 목사는 이미 일제 시대 때부터 몇 차례 정보기관에 끌려 다닌 경험이 있었다. 뿐만 아니라 외국인 선교사 가운데 몇몇하고는 꽤 친하게 지내고 있었다. 아직 확신할 수는 없었지만, 그들을 통하면 군부대나 미군 부대 쪽으로 알아볼 길이 있을 듯했다.

5. 지하 취조실에서

"이봐, 장기려!"

"예."

"너 남쪽에 왜 왔어?"

"신앙의 자유를 찾아서 왔습니다. 북쪽에서는 마음대로

예배를 드릴 수 없기 때문에 왔습니다."

"거짓말이지?"

"아니, 내가 왜 거짓말을 한단 말입니까?"

"그럼, 김일성이가 자기 마음에도 안 드는 놈한테 박사 학위를 주고, 상도 주고, 김일성대학 교수 자리까지 줬단 말이야!"

순간 짝, 소리가 나면서 눈에 불이 튀었다. 귀가 멍해지더니 아무것도 보이지 않았다. 얼마 뒤 다시 눈에 들어온 불빛이 흐릿하게 보였다. 따귀를 맞으면서 안경이 날아간 모양이었다.

도대체 며칠째일까. 언젠가부터 장기려는 날짜 감각을 잃고 있었다. 지하에 차려진 조사실에는 빛이 조금도 들지 않았다. 앉은 채로 잠깐잠깐 눈을 붙이는 것으로는 하루를 셈할 수 없었다.

장기려가 끌려간 곳은 삼일사(三一社)라는 곳이었다. 마치 회사 같은 이름을 하고 있었지만, 사실은 간첩이나 반체제 세력을 샅샅이 찾아내 고문하고, 정보를 캐는 국가기관 가운데 하나였다. 정체를 숨기기 위해 회사인 척하고 있었던 것이다.

실제로 장기려는 북에 있을 때 정부의 특별 대우를 받던 사람이었다. 김일성대학에서는 '강좌장'이라는 높은 직책을 겸한 교수 자리에 있었고, 1947년에는 북한 정권이 주는 '모범 일꾼 상' 수상자로 선정되어 3천 원이나 되는 상금까지 받은 일이 있었다. (그때 대학 교수의 한 달 월급이 2천 4백 원이었다) 그뿐 아니라 북한 정권은 그에게 달라고 하지도 않은 '공화국 제1호 박사'의 영예를 안겨 주기도 했고, 김일성이 맹장염에 걸렸을 때는 제일 먼저 장기려에게 비서를 보냈을 만큼 각별한 신임을 보내기도 했다. 그때 새벽 기도를 가고 없던 장기려를 대신해 소련 군의관이 수술을 맡았는데, 잘못 알려지는 바람에 장기려가 김일성의 맹장 수술을 했다는 소문이 나돌기도 했다.

"어서 말을 해, 말을!"

주먹이 날아오는 듯싶더니 퍽, 소리가 났다. 그리고 여러 차례 발길질이 이어졌다. 장기려는 답답했다. 어떻게 설명해야 할지 막막하기만 했다. 자신은 단지 하나님을 믿는 의사일 뿐이었다. 성심으로 환자를 돌보고 치료하다 보니 박사도 되고 교수도 되었을 따름이다. 그런데 이제

와서 특혜를 받은 이유를 설명하라니 기가 막힐 노릇이었다. 아무리 생각해도 이 살벌한 지하 취조실에서 진실이 받아들여지기는 어려워 보였다.

"당신, 가족들도 모두 북에 두고 왔잖아. 여기서 간첩질 하고 다시 돌아갈 생각 하고 온 게 아니면 도대체 뭐냐 말이야!"

미칠 것 같았다. 아니, 차라리 맞장구를 치고 싶었다.

'내가 생각해도 당신 말이 맞는 것 같소.'

하고 말해 버리면 속이라도 시원해질 것 같았다. 목구멍으로 뜨끈한 불덩어리가 치밀어 오르는 걸 간신히 참았다. 그는 다시 눈을 감았다. 그리고 입 속으로 하나님 아버지를 나직이 불렀다.

"그 사람은 제가 잘 아는데, 절대 공산주의하고는 상관이 없습니다. 오히려 신앙의 자유를 막는 북한에서는 살 수가 없어서 내려온 사람이라니까요."

"……."

"그 사람 나오는 걸 국군 장교들도 도와줬다고 하지 않습니까? 꼭 풀어 줘야 하는 사람입니다. 나중에 문제가 생기면 제가 다 책임을 지겠습니다."

"치즘 선생께서 보증을 하신다면……. 좋습니다, 데리고 나가세요."

한상동 목사는 장기려가 끌려간 뒤 곧장 도움을 줄 만한 선교사를 찾아 나섰다. 그리고 군대나 경찰 쪽부터 알아보기 시작했다. 얼마 뒤 장기려가 잡혀 있는 곳이 어떤 정보 부대라는 것까지는 밝혀졌지만, 더 이상 손을 쓰는 것은 무리라는 것이 한결같은 대답이었다.

당시 이승만 정권은 여러 모로 벼랑 끝에 몰린 처지였다. 김구, 여운형 같은 민족주의자들의 반대를 무릅쓰고 무리하게 단독 정부를 세우고 대통령에 오른 이승만에게 여론이 따뜻할 리 없었다. 더구나 여수와 순천, 제주에서 일어난 단독 정부 수립 반대 운동을 수만 명의 희생자를 내면서까지 잔인하게 진압하자, 해방된 새 나라는 순식간에 공포 분위기에 빠져 들었다. 그런 상황에서 경제 회복도 잘될 리 없었고, 심지어 남북 사이에 긴장이 더해지면서 북쪽으로부터 오던 송전이 끊겨 전력난을 겪기까지 해야 했다. 그 결과 이승만이 이끌던 '대한국민회'는 전쟁 직전 치른 총선거에서 전체 의석의 10분의 1밖에 얻지 못했을 정도로 몰리고 있었다.

　전쟁이 터진 뒤 이승만 정부의 인기는 더욱 곤두박질 쳤다. 전쟁은 그 자체만으로도 큰 고통이었지만, 대통령과 정부가 얼마나 힘이 없고 정직하지 못한지 적나라하게 보여 준 계기가 되었다. 전쟁이 터지고 인민군이 밀려오자 대통령은 제일 먼저 도망을 쳤으면서도 녹음테이프를 통해 '수도 서울을 끝까지 함께 지키자'고 호소하는 거짓말을 했다. 더 이상 대통령 말은 아무도 믿을 수 없게 되었다.

　또 인민군이 빠르게 내려온다는 소식에 지레 놀란 국군은 한강 다리를 너무 서둘러 폭파해 버렸다. 그 바람에 다리를 건너던 피난민들의 목숨까지 함께 끊겨 버리고 말았다. 이 때문에 수많은 사람들의 발이 묶인 것은 물론, 한강 북쪽에 있던 군인들마저도 후퇴할 길을 잃은 채 이리저리 흩어져 버렸다. 이 사건으로 말미암아 국군은 제대로 반격 한번 해 보지 못하고 낙동강까지 밀리게 되었다.

　이승만 정권은 국민으로부터 신임을 잃자 잘못된 방법을 써서라도 권력을 가지려고 했다. 반대하는 세력들을 감시하고 힘으로 억누르려고 한 것인데, 그 때문에 정보기관들의 힘이 지나치게 커져 버리고 말았다. 어떤 부대에서는 정보부에 근무하는 하급 장교가 영관급 장교의 멱살을 쥐고 흔드는 일까지 벌어지기도 했다. 이렇게 제멋대로 커져 버린 권력은 결국 셀 수 없이 많은 억울한 죽음을 만들어 냈다.

결국 한상동 목사가 달려간 곳은 치즘(Dr William H. Chisholm)의 집이었다. 치과 의사이기도 했던 치즘은, '최의손'이라는 한국 이름까지 가지고 있을 만큼 한국에 정이 깊은 미국인 선교사였다. 한 목사가 그를 찾은 것은, 어쩔 수 없이 미국의 힘을 비는 수밖에 없다는 궁색한, 그러나 절박한 계산 때문이었다. 다행히 치즘은 미군 부대 장교들과 연결되어 있었다. 그리고 한 번도 본 적 없는 장기려를 위해 기꺼이 보증을 서 주었다.

장기려가 삼일사 문을 나선 것은 그해 마지막 날인 12월 31일이었다. 세어 보면 삼일사 취조실에서 보낸 것이 일곱 밤 여덟 낮이었다.

발걸음이 무거웠다. 장기려에게는 허탈한 쓴웃음 한번 지을 힘조차 남아 있지 않았다. 그는 입 속으로 '하나님 아버지'를 다시 한 번 찾아 불렀다. 지긋지긋한 1950년은 그렇게 마지막 날까지 장기려를 물어뜯고서야 저물고 있었다.

6. 전영창과 만남

1951년 봄까지도 전황은 좋지 않았다. 1950년 12월 24일에는 군인과 피난민 20만 명이 배를 타고 흥남을 빠져나와 부산으로 들어왔다. 평안도에 있던 중공군이 너무 빠르게 밀고 내려오는 바람에, 미처 피하지 못하고 함경도 쪽에 고립되어 있던 사람들이었다. '굳세어라 금순아'라는 유행가 가사에 나오는, 이른바 '흥남철수'였다.

새해 들어서도 중공군의 맹공은 수그러들 줄 몰랐다. 결국 그해 1월 4일에는 수도 서울을 다시 한 번 내주어야 했다. 바로 '1·4후퇴'라고 하는 사건이었다. 세계 최강이라는 미군만 믿으면 모든 일이 순조롭게 풀릴 것이라던 지난 가을의 기대는 서서히 무너져 내리고 있었다. 그리고 자꾸만 내려오는 피난민들로 부산은 이미 터져나갈 듯 부풀어 오르고 있었다.

전쟁 전 인구 30만에 지나지 않았던 부산에 백만 명에 이르는 사람이 들어차게 되었다. 물론 대책 없이 기차로, 배로 실려 와 짐짝처럼 내던져진 피난민을 위한 집이나 음식, 일자리가 준비되어 있을 리 없었다. 그들은 영도 다리 밑에, 송도 비탈길에 저마다 군수품 상자나 가마니 따위를 주워 비바람이라도 막을 움막을 지었다. 그리고 하루하루를 견딜 밥을 벌기 위해 무작정 거리를 헤매 돌아다녔다. 마치 살아남기 위한 싸움터 같은 길거리에서, 자연히 힘없는 아이들과 노인들은 속절없이 쓰러져 썩어 갔다.

1951년 6월 20일, 수요일이었다. 수요 예배를 마치고 나서려는데 강단에서 내려온 한상동 목사가 황급히 장기려의 손목을 잡았다.

"장로님, 뭐 급한 일 없으시지요?"

"예, 별일 없습니다만."

"그럼, 소개드릴 분이 계신데……."

한 목사의 한 손이 벌써 맞은편에서 걸어오는 사내 쪽을 가리키고 있었다. 말끔한 옷차림에, 무엇보다 자신만만한 기운이 느껴지는 사람이었다. 눈빛과 표정이 아주 인상적이었다.

"일단, 안으로 좀 들어가 앉아서 말씀을 나누시지요."

한 목사는 무슨 중요한 이야기가 있다는 듯 분주하게 장기려의 손을 이끌었다. 아직 소개를 받지 못해 인사를 나누지 못한 두 사람은 어색한 웃음을 나누며 사무실로 들어섰다.

"이쪽은 장기려 장로님이라고, 우리나라에서 가장 뛰어난 외과 의사로 꼽히는 분이시구요."

"장기려라고 합니다."

"또 이쪽은 전영창 선생이라고, 미국에서 신학대학을 다니다가 오셨는데……, 오늘 장로님과 긴히 상의드릴 일이 있어서 오셨습니다."

두 사람은 그제야 악수를 나누고 자리에 앉았다.

"예……, 그러시군요. 그런데 저하고 상의하실 일이라면……."

전영창은 미국에서 신학대학을 다니던 유학생이었다. 그러나 유학 3년째 되던 해 고국에서 전쟁이 터졌다는 소식이 날아왔다. 처음엔 놀랍고 당혹스러웠지만, 며칠이 지나자 어찌 해야 할지 책이 영 손에 잡히질 않았다. 여기서 공부를 계속할 것인지, 아니면 당장이라도 귀국 비행기를 탈 것인지 고민에 빠졌다.

전세는 생각보다 급박하게 돌아가고 있었다. 전쟁이 시작된 지 사흘 만에 서울이 떨어지고, 한 달이 채 되기 전에 대전이 함락되었다는 소식이 또다시 날아들었다. 무거운 죄책감이 전영창을 괴롭혔다. 어서 돌아가 작은 힘이라도 보태야 할 것만 같았다. 그러나 쉽게 결정할 일은 아니었다. 총알과 포탄이 빗발치는 전쟁터에서 유학생을 실은 비행기가 내릴 활주로를 찾는 것도 쉽지 않을 터였다. 당장 간다 한들 곧바로 할 수 있는 일이 기다리고 있는 것도 아니었다.

전쟁이 길어지면서 많은 사람이 죽어 간다는 소식이 끊임없이 들려왔다. 그리고 그렇게 죽어 가는 참혹한 동포들의 모습이 하루가 멀다 하고 미국 신문의 1면을 장식하고 있었다.

결국 그는 졸업을 고작 1주일 남겨 놓고 귀국 짐을 싸고 말았다. 졸업장이라도 받아서 가라며 말리던 동료 유학생과 미국인 친구들도 뜻을 꺾지 못하고, 5천 달러나 되는 성금을 모아 마음을 얹어 주었다. 그나마 다행인 것은 미국에 있던 기독교 지도자들이 한국에 구호물자를 보내기로 하고 '기독교 구제 위원회'라는 모임을 만들었다는 것이었다. 전영창은 그 조직의 경남 지역 총무라는 직책을 맡아 부산으로 오게 된 거였다.

전쟁이 할퀴고 간 조국은 처참했다. 그가 조국에 도착해서 제일 먼저 본 것은 간단한 항생제가 없어 거리에서 죽어 가는 수많은 동포들의 모습이었다.

그는 친구들이 모아 준 5천 달러를 들고 '유엔 민사 원조처'로 가 무조건 항생제 5천 달러어치를 달라고 말했다. 그러나 유엔 민사 원조처가 약을 파는 곳은 아니었다.

"사람부터 살려야할 게 아닙니까. 제발 부탁이니 약을 살 수 있게 도와주시오."

적지 않은 달러 뭉치를 들고 약을 내놓으라고 소란을 피우는 젊은이에게, 그곳 책임자이자 노르웨이 사람이었던 넬슨은 다른 제안을 했다.

"이보시오, 이곳은 약을 파는 곳이 아닙니다. 하지만 당신이 그 돈으로 조그만 진료소라도 만들어 직접 환자를 모은다면, 저희가 약을 지원해 드릴 수는 있습니다."

그러고 보니 맞는 말이었다. 그런데다가 훨씬 좋은 방

법이기도 했다. 그는 곧 기독교 경남 구제 위원회에 참여하고 있던 한상동 목사에게 병원을 세울 방법을 의논했고, 한 목사는 마침 적임자가 있다며 장기려를 소개한 것이었다.

묵묵히 이야기를 들어 보니 전영창은 용기 있고 장한 사람이었다. 나이는 적을지 모르지만, 장기려는 존경스런 마음이 절로 일었다.

장기려는 문득 보통학교에 다니던 시절이 떠올랐다. 그는 아버지가 세운 의성학교를 수석으로 졸업했지만, 신의주고등보통학교 입학시험에 떨어지고 말았다. 조그만 시골 학교에서는 가장 우수한 학생이었지만, 결국 우물 안 개구리에 불과했던 것이다. 그는 어쩔 수 없이 개성에 있는 송도고등보통학교로 멀리 유학을 가야만 했다. 그러나 그곳도 변두리이기는 마찬가지였다.

송도고보를 졸업하던 해, 그는 여순공과대학에 시험을 쳤다가 또 떨어졌다. 그때 시험장에서 만난 어떤 학생은 자기 학교 선생님보다 여기에 시험 보러 온 학생들 실력이 더 나은 것 같다며 한숨을 쉬었다. 지금으로 치자면 장기려는 고등학교도, 대학교도 한 번씩 떨어져 본 열등생인 셈이었다. 송도고보에 다니던 시절, 한때 친구들과 어울려 화투를 치며 비뚤어진 행동을 했던 것도 어찌 보면 우물 밖으로 나온 한 시골 수재의 자괴감 때문이었는지 몰랐다.

그랬던 그에게 경성의전 시험은 아주 중요할 수밖에 없는 도전이었다. 여순공과대학은 부족한 실력 탓에 떨어졌고, 그 사이 집안 사정도 나빠지는 바람에 세브란스의전처럼 한 해 수업료가 1백 원이나 했던 사립학교에는 갈 형편이 되지 못했다. 그래서 한 해 수업료가 35원이면 되었던 경성의전마저 떨어진다면, 그는 이제 공부를 포기하고 고향으로 돌아가는 수밖에 없는 상황이었다.

목표가 분명해지고 진로를 정하자, 온 힘을 기울여 공부에 매달렸다. 물론 경성의전에 무난히 합격하기에는 실력이 부족하다는 것을 그도 모르지 않았다. 하지만 그는 자신을 믿었고, 의지가 약해질 때마다 기도를 드렸다.

"하나님, 경성의전에 들어가게만 해 주신다면, 그래서 하나님을 위해 좀 더 가치 있는 재주를 배울 수 있게 해 주신다면, 의사를 한 번도 못 보고 죽어 가는 사람을 위해 평생을 바치겠습니다. 그리고 그것을 통해 하나님의 뜻을 전하고 펼치겠습니다."

결과는 합격이었다. 그러나 그에게 행운이 없었다면 불가능했을 일이었다. 사실 그의 성적은 송도고보에서도 7등에서 11등 사이를 맴도는 수준이었다. 그런데 졸업을 얼마 앞두고 일이 터졌다. 상위권에 있던 동기들이 친구 결혼식에서 술을 마시다 들키는 바람에 모두 1년 정학 처분을 받고 만 것이었다. 그 덕에 장기려는 전교 1등으로 졸업하게 되었다. 게다가 한 가지 행운이 더 겹쳤다. 그해 시험에 나왔던 수학 문제 네 개 가운데 가장 어려운 것이 우연히 그가 며칠 전에 풀어 보았던 문제였던 것이다. 열심히 공부한 건 사실이지만, 어쨌든 그는 집단 정학 처분을 받은 동기들 덕에 '내신'에서 큰 혜택을 본데다가, 시험 날 생긴 생각지 않은 행운으로 경성의전에 합격할 수 있었다.

장기려는 전영창을 앞에 두고 새삼 그때 일이 떠올랐다. 어쩌면 그때 하나님이 의사의 길로 이끌어 주신 이유가 바로 오늘을 위한 것이 아니었을까 하는 생각도 들었다.

장기려는 빙그레 웃었고, 전영창은 장기려의 손을 꼭 쥐었다. 더 이상은 말이 필요 없었다. 장기려는 다음 날 육군병원에 사직서를 내밀었다.

7. 복음병원

　한상동 목사의 도움으로 병원이 들어선 곳은 영도에 있던 제3교회 창고였다. 장기려와 전영창은 뒤죽박죽이던 창고를 정리한 뒤 진료실과 수술실, 입원실을 꾸몄다. 물론 칸막이조차 없는 초라한 병원이었다. 창고 이쪽 구석은 진료실, 저쪽 구석은 입원실, 다른 한구석은 수술실, 하는 식이었다.

　병원 이름은 '복음병원'으로 정했다. 치료비는 아예 받지 않기로 했다. 진료를 통해서나마 하나님의 뜻을 전하자는 것은 장기려, 전영창, 한상동 모두의 뜻이기도 했다.

　그들이 가진 것은 많지 않았다. 전영창이 미국에서 모금해 온 5천 달러, 그리고 유엔 민사 원조처에서 약속한 하루 50인분의 약, 그리고 장기려라는 의사 한 사람이 전부였다. 물론 단돈 1달러가 없어서 굶어 죽는 사람이 넘쳐나는 피난지에서 5천 달러는 결코 적은 돈이 아니었다. 그러나 꼭 필요한 치료 도구와 수술 도구, 그리고 환자를 눕힐 야전침대 몇 개를 사고 나니 남는 돈이 거의 없었다. 결국 수술대는 나무토막을 주워 뚝딱뚝딱 만들었다. 그 모양이 얼마나 볼품없고 초라했던지, 거기서 수술하는 모습을 본 어떤 미군 의사는 '마치 동물병원에서 수술하는 것 같다'며 혀를 차기도 했다.

병원 문을 열자마자 환자들이 넘쳐 났다. 예상했던 대로였다. 성하거나 병 없는 사람이 드물었거니와, 돈 있는 사람도 많지 않았기 때문이었다. 적절히 치료받지 못하고 제대한 상이군인들, 밤낮 없는 폭격에 부상당한 피난민들, 또는 불발탄이나 지뢰에 다친 아이들까지, 정신을 못 차릴 지경이었다. 병원도 찾아보기 힘들었지만, 치료비와 약값이 없어 햇볕에 환부를 말리는 것으로 만족해야 했던 환자들이 한나절씩, 반나절씩 걸어와 복음병원으로 흘러들었다.

의사가 하루에 진찰할 수 있는 환자 수에는 한계가 있다. 열 시간 동안 10분에 한 명씩 쉬지 않고 본다고 해도 고작 60명이다. 그러나 그 사이에 수술도 해야 했고, 가끔은 사연 많은 사람들의 하소연도 들어 줘야 했다. 그런데 날마다 들이닥치는 환자가 100명이 넘었다. 이렇다 보니 복음병원에는 점심시간조차 없었다.

하지만 더 큰 문제는 따로 있었다. 갈 곳 없고 돌봐 줄 가족도 없는 행려병자들이 많았고, 팔다리를 자르는 큰 수술을 받아야 하는 환자도 많았기 때문에 입원실이 늘 부족했다. 교회 창고만으로는 더 이상 감당할 수 없는 숫자였다. 그렇게 두 달을 부대낀 끝에 결국 한계에 다다르고 말았다.

전영창은 약을 받으러 유엔 민사 원조처에 들어간 김에 냅다 통사정을 했다.

"환자는 넘쳐 나는데, 수술받은 환자를 눕힐 데가 없습니다. 꼭 좀 도와주세요. 수술을 해 놓고 길거리에 내치면 그건 환자를 살리는 게 아니라 오히려 죽이는 겁니다. 조금이라도 넓은 공간이 필요합니다."

전영창에게 약품 지원을 약속하고 병원 개설을 권했던 넬슨은 다시 한 번 군용 천막 다섯 개를 지원했다. 전영창과 장기려는 교회 창고에서 200~300미터쯤 떨어진 영선보통학교 옆 공터에 천막 다섯 동을 쳤다. 큰 천막 세 개는 진료실 겸 약국, 수술실, 입원실로 썼고, 좀 떨어진 곳에 세운 작은 천막 두 개는 직원과 가족들이 썼다.

비로소 수술실과 나뉜, 침대 여덟 개를 들여놓은 입원실이 새로 꾸며졌다. 그제야 입원실 환자들은 수술 환자들이 내지르는 비명과 신음 소리에서 벗어날 수 있었다.

8. 전종휘

"저 왔습니다."

"아, 전 박사. 바쁠 텐데 이렇게……."

경성의전 후배인 전종휘가 천막 문을 열고 들어섰다. 그는 경성의전에 다니던 시절, 기독교학생회에서 장기려를 처음 만났다. 그 뒤 장기려를 따라 외과 견습생이 되었는데, 장기려의 권유로 내과로 옮겼을 만큼 유난히 따르던 후배였다. 장기려도 그를 많이 아꼈다. 딸 이름을 지을 때도 전종휘의 딸 이름인 '신의'에서 글자를 따 '신용'이라고 지을 만큼 절친했다.

그는 졸업한 뒤 모교에 남아 후배들을 가르치고 있었다. 그 뒤 1940년에 평양 기홀병원 외과 과장으로 간 장기려하고는 얼마 전 이곳 부산에서 다시 만난 참이었다. 참으로 오랜만이었다. 전종휘는 피난 내려온 경성의전(서울의대) 교수였고, 장기려는 육군병원 의사였다. 그리고 몇 틸 뒤 장기려가 육군병원을 나와 복음병원에서 일한다는 소식을 듣고 다시 찾아온 길이었다.

들어선 천막 안에는 집기와 약품 상자들이 정리되지 않은 채 어수선하게 널브러져 있었다. 장기려는 한쪽에서 환자를 살피느라 여념이 없었다. 환자는 처참했다. 얼핏 보아도 모진 비바람 속에서 뒹굴듯 살아온 사람이 분명했다. 역한 몸 냄새가 장기려의 어깨를 넘어 전종휘의 콧속까지 올라왔다.

"미안, 잠깐만 기다려 주게. 내 이분만 좀 보아드리고……."

장기려는 잠시 반가운 기색을 하고는 다시 환자에게 얼굴을 돌렸다. 멋쩍어진 전종휘는 뒷짐을 지고 천막 안을 쓱 둘러보았다.

내리던 비는 아침에 그쳤다. 아직 덜 마른 천막은 무겁고 음산하게 처져 있었다. 실내 공기가 습하고 무겁게 느껴졌다. 축축하게 피어오르는 흙냄새와 소독약 냄새가 뒤

섞여 의사인 전종휘의 비위마저 자극하고 있었다.

장기려와 환자의 이야기는 쉽게 끝날 것 같지 않았다. 무슨 일이 있어도 젖은 채 잠들면 안 된다는 처방에, 어디라도 비 가릴 곳이 없더라는 하소연이 이어졌다. 혀 차는 소리와 기어 들어가는 듯 힘없는 목소리가 들려왔다. 전종휘는 잠시 천막 밖으로 나섰다.

구름은 바삐 서쪽으로 달리고 있었고, 공기는 상쾌했다. 천막 위로는 흐리게 김이 피어오르고 있었다. 아직 마르지 않아 질척한 땅바닥에는 엉거주춤 쭈그리고 앉았거나 선 채로 주춤주춤 서성이는 사람들이 줄지어 있었다. 얼핏 세어 봐도 삼사십 명은 넘어 보였다. 하나같이 초라하고 피곤에 지친 얼굴들이었다.

다른 천막 안으로 들어섰다. 묵직한 천막 문을 들추자 진한 핏자국이 한눈에 들어왔다. 의사인 전종휘도 순간 움찔해질 수밖에 없었다. 비어 있는 천막 한켠에는 아직 정돈하지 못한 거즈며 붕대 따위가 뭉쳐져 있었다. 천막 한가운데에는 무엇으로 봐야 할지 모를 길쭉한 나무 테이블이 놓여 있었다. 옆에 가지런히 정리된 수술 도구들을 보고서야 전종휘는 그것이 수술대라는 것을 알 수 있었다.

바로 옆 천막에는 가로세로 줄을 맞춘 침대 여덟 개에 환자들이 누워 있었다. 막 수술을 받았는지 신음하며 고통스러워하는 환자가 먼저 눈에 들어왔다. 어떤 이는 눈을 둥그렇게 뜬 채 바싹 긴장하고 있었다. 담요를 얼굴 위까지 끌어올린 채 잠을 청하는 이도 보였다.

전종휘는 마음이 무거웠다. 밖에 서서 진료 차례를 기다리는 사람들과 별반 다를 것 없이 다들 고단하고 지친 얼굴이었다. 비릿한 흙냄새에 소독약 냄새, 게다가 환자들의 묵은 몸 냄새가 섞여 들어 공기는 역했다.

천막 병동을 한 바퀴 돌아 다시 진료실로 들어갔다. 장기려는 그 사이 다른 환자의 몸을 살피며 이야기를 나누고 있었다. 그도 그럴 법했다. 짬을 내기도 어렵거니와 대신 환자를 맡아 줄 의사가 따로 있는 것도 아니었다. 그렇다고 진료 시간이 정해져 있는 것도 아니었다. 돈 한 푼 받지 않았지만, 지치도록 순서를 기다리던 환자들을 다시 되돌려 보낼 상황은 더더욱 아니었다.

"선배님, 오늘은 그냥 얼굴만 뵈러 왔습니다. 지금 가 봐야 할 곳이 있어서요. 조만간에 다시 오겠습니다."

기다린다고 시간이 날 것 같지도 않았고, 쓸데없이 방해

해서도 안 될 것 같았다. 전종휘는 발길을 돌렸다.

"아유, 이거 미안해서……."

장기려는 난처하고 서운한 얼굴로 몸을 일으켰다.

"아닙니다, 그냥 계십시오. 이곳에 사리를 잡으셨다 해서 어찌 지내시나 보러 왔습니다. 이제 알았으니 곧 다시 와야지요."

전종휘는 서둘러 병원을 나섰다. 발걸음이 무거웠다. 학교로 돌아온 전종휘는 깊은 고민에 빠졌다.

'이 전쟁 통에 못 먹고 못 자서 생기는 병, 아무거나 주워 먹고 아무렇게나 자다가 얻는 병에는 아무래도 내과 의사가 더 필요한 법인데……. 장 선배가 명의라고는 해도 외과 의사인지라 속병은 충분히 다스리지 못할 테고……. 이걸 어쩌나…… 식사조차 제때 못 하시니…….'

학교 다닐 때도 그랬지만, 그에게 장기려는 역시 존경스러운 선배였다. 생각하면 할수록 그곳에 자신이 필요하다는 느낌이 고통스럽게 마음을 찔러 왔다.

전종휘가 선뜻 마음을 정하지 못하는 것도 다 까닭이 있었다. 그렇다고 해서 굳이 돈 안 되는 진료를 해도 될 만큼 여유 있는 처지가 아니기 때문이었다. 이 전쟁 통에 그가 책임져야 할 식구가 처자식과 부모님까지 모두 열 명이었다. 그런데다가 의과대학 교수 일도 결코 만만치 않았다.

물론 아무도 그에게 도와달라고 말한 적은 없었다. 하지만 도무지 전종휘는 잠을 이룰 수 없었다. 눈을 감으면 천막 병원에서 신음하는 환자들과 야위고 푸석해진 장기려의 얼굴이 떠올라 좀처럼 지워지지 않았다. 그러다가 시간이 갈수록 또렷해지는 것은, 그곳이 다름 아닌 '내 자리'라는 느낌이었다.

9. '공산당식' 월급 제도

다음 날, 복음병원 천막 진료소는 가운데를 칸막이로 나누어야 했다. 외과 진료실과 별도로 내과 진료실을 꾸미기 위해서였다. 진료소를 나누고 보니, 역시나 외과보다는 내과 쪽에 더 길게 환자들이 줄을 섰다.

전종휘가 하루에 80명쯤 책임졌고, 덕분에 한시름 놓은 장기려가 하루에 50~60명쯤 되는 환자를 돌보았다. 수술 환자가 날마다 있다시피 했기 때문에 바쁘게 돌아가기는 내과든 외과든 별반 다를 것은 없었다. 그러나 장기려는 오랜만에 입가에 웃음꽃이 피었다. 후배에게 미안한 마음이 들었지만, 든든하기로 치자면 '천군만마'라는 말이 절로 떠올랐다. 무엇보다 위독한 환자에게 소금이라도 더 마음을 쓸 시간이 생긴 것도 큰 다행이었다.

물론 그것은 좀 한가한 날이었고, 찬 바람이라도 불고 지나간 다음이면 200명도 넘는 환자가 들이닥쳤다. 또다시 밥은커녕 화장실 갈 시간조차 빠듯한 하루하루가 정신없이 지나갔다. 진료 시간은 따로 언제까지라고 하기도 곤란할 지경이었다.

장기려와 전종휘는 입원실 환자들의 침대 밑에서 새우잠을 자기 일쑤였다. 바닥에서는 어김없이 한기가 올라왔고, 침대 위에서는 역한 냄새가 흘러 내려왔다. 그러나 잠은 깊었고 달콤했다. 그보다 더 진한 피로가, 그리고 알 수 없는 마음의 평화가 다음 날에도 계속될 고단한 하루를 감당할 수 있도록 새 힘을 북돋아 주곤 했다.

그나마 장기려와 전종휘는 한 달에 한 번씩 왕진 가방을 쌌다. 기력이 다해 이곳 복음병원까지조차 오지 못하는 환자들이 셀 수 없이 많은 까닭이었다. 영도 다리 밑으로, 다시 송도로 갯가와 산마루로 이어진 게딱지 같은 판잣집 사이를 걷다 보면 구두 밑창은 금방 너덜너덜해졌다. 그러나 두 의사는 그것조차 소풍을 삼았다. 갯바람은 시원하기보다는 야속할 만큼 차고 거칠었다. 그러나 납작 닳아 버린 선배의 낡은 구두 뒤축을 보며 걷는 전종휘에게는 그 바람이 이상하게도 뿌듯하고 시원하게만 느껴졌다.

병원은 그렇게 조금씩 모습을 갖추어 갔다. 전종휘가 함께한 뒤부터 병원은 한결 질서가 잡히고 여유가 생겼다. 앞뒤 분간할 겨를 없이 이리 뛰고 저리 뛰던 병원 식구들이 자리를 잡기 시작했고, 제자리를 찾지 못하고 난감해하던 환자들도 눈에 띄게 편안한 낯빛을 찾고 있었다. 장기려와 전종휘가 내·외과 진료실을 맡았고, 김재명, 김순리, 이금숙 세 간호사가 뒤에서 도왔다. 김정일이 구급차를 몰았고, 오재길이 경리와 약국을 담당했다. 전영창은 총무로서 병원 전체 살림을 꾸려 나갔다.

그런데 몸집이 불다 보니 또 다른 걱정거리가 생기기 시작했다. 이들 직원과 그들에게 딸린 식구가 모두 44명이나 되어 대식구를 이루고 있었다. 다 아는 사실이었지만, 복음병원은 진료비를 한 푼도 받지 않았기 때문에 그들이 먹고살 길은 오로지 미국 개혁 선교회에서 달마다 보내 오는 후원금 5백 달러에 기댈 수밖에 없었다. 누가 봐도 턱없이 부족한 액수였다.

장기려는 무슨 일을 하는 사람이든 따지지 않고 딸린 식구 수대로 월급을 나누었다. 그러다 보니 식구가 열 명이나 되는 전종휘가 제일 많은 월급을 받았고, 아들 하나만 데리고 있던 장기려는 운전기사 김정일과 같은 돈을 받았다.

처음에 직원들은 듣도 보도 못한 월급 정책을 선뜻 받아들이지 못했다. '공산당 식' 아니냐며 어색해하는 이도 있었다. 결국 이 낯선 월급 분배 방식은 원장 장기려가 나서 설득하고서야 계속될 수 있었다. 장기려는 어렵사리 말을 꺼냈다.

"여러분도 아시다시피 돈 벌자고 하는 병원이 아니지 않습니까. 우리 일용할 양식이 있음에 감사합시다. 돈 쓸 데야 식구 수대로 생기는 것이지, 직위가 높다고 생기는 게 아니지 않습니까. 나는 아들하고 단둘이라 밥이나 먹으면 더 필요할 것도 없습니다."

그때만 해도 병원에서 간호사나 다른 행정 직원들은 의

사의 아랫사람 취급을 받던 시절이었다. 더구나 병원장이 가진 힘과 권위는 아무나 거역하거나 침범할 수 없는 것이었다.

하지만 장기려라는 사람은 애초에 그런 것하고는 거리가 멀었다. 너나없이 먹고살기 힘들던 시절, 밥벌이조차 되지 않는 일에 그 많은 사람을 모으고 이끌어 갈 수 있었던 힘은 딱딱한 힘이나 권위가 결코 아니었다. 누가 뭐래도 복음병원 직원들은 그걸 잘 알고 있었다. 애써 아무것도 가지려 하지 않았던, 스스로 그렇게 함으로써 함께 가야 할 길을 보여 주려 했던 장기려의 삶 자체가 바로 그 힘이었다.

10. 감사함

천막 병원에서 마음고생을 가장 많이 한 것은 사실 장기려가 아니라 전영창이었다.

장기려는 밥 먹을 시간, 잠 잘 시간을 줄여 혼신을 다해 환자를 돌보는 것으로 그만이었다. 하지만 병원 살림을 맡은 전영창은 하루가 멀다 하고 다음 날 약값 걱정을 해야 했고, 또 하루를 넘길 병원 식구들 끼니 걱정까지 해야 했다. 전영창은 결국 자기 자신조차 내키지 않는 제안을 할 수밖에 없었다.

"아무것도 없는 환자들에게는 계속 무료 진료를 하되, 그래도 좀 형편이 낫고 뜻도 있는 환자들한테는 자발적으로 치료비를 받는 것이 어떻겠습니까? 아주 조금씩이라도 말이에요."

정말이지 힘겹게 꺼낸 말이었다. 유엔 민사 원조처에서 보내는 하루 50인분 약에 기대고 있는 형편에, 환자는 그 서너 배씩이나 몰려들고 있었다. 생각했던 것보다 수술을 자주 해야 했던 것도 문제였다.

그러나 쉬운 일은 아니었다. 어느덧 무료 진료가 너무도 당연한 것이 되어 버린 탓이었다. 이건 모든 병원 식구들이 마찬가지였다. 그런 까닭에 이제 와서 새삼스럽게 돈을 받는다는 것은 오히려 부끄럽고 죄스러운 마음마저 느껴야 하는 일이었다.

"환자들에게서 돈을…… 받아야 한다는 말입니까?"

침묵을 깨고 누군가가 말했다. 장기려는 순간 전영창의

낯빛이 어두워지는 걸 느꼈다. 그런 전영창에게 장기려는 미안한 마음이 먼저 들었다.

장기려도 빤한 병원 살림을 모르지 않았다. 그렇게 하는 것이 병원 식구들 편하자는 게 아니라, 병원을 유지하기 위한 어쩔 수 없는 선택이라는 것 역시 잘 알고 있었다. 전영창이라고 해서 진료 한번 받아 보려고 하루 종일 기다리는 환자들의 사정을 모를 턱이 없었다.

"혹시 환자들이 반대하거나…… 뭐 그렇지는 않겠지요?"

결론은 쉽게 나지 않았다. 기대보다는 걱정이 앞섰지만, 그렇다고 뾰족한 수가 있는 것도 아니었으므로 다들 침묵하고 있었다. 다시 전영창이 용기를 냈다.

"액수를 정하지 말고, 그저 교회 헌금함처럼 스스로 내고 싶은 만큼만 내도록 상자를 만들면 어떨까 싶습니다. 그래야 환자들에게도 부담이 좀 덜할 테니까요. 아무튼 잘만 되면 당장 필요한 소화제 한 알이라도 구할 수 있지 않겠습니까."

결국 상자 하나를 만들었다. 상자에는 '감사함'이라는 글자를 써 넣었다. 저마다 감사하는 마음으로 낼 수 있는 만큼만 돈을 넣어 달라는 뜻이었다. 환자들도 그런 사정을 모르지 않는지 걱정했던 일은 일어나지 않았다. 그러나 직원들은 못내 부끄러워 한쪽 구석에 밀어 놓은 감사함을 보고 지레 민망해하곤 했다.

그래도 성과는 있었다. 많은 돈이 들어간 수술 환자들이 적은 돈이나마 성의를 보이기 시작한 것이었다. 덕분에 하루하루 숨통을 조이던 약값 걱정에서 작은 숨통이나마 트이게 되었다. 그러나 돈을 내고 싶어도 낼 수 없는 환자가 대부분이었던 탓에 병원 살림에 큰 변화를 줄 정도는 되지 못했다.

이렇듯 복음병원을 꾸려 갈 수 있었던 힘은 돈이 아니라 사람이었다. 그리고 그들이 보인 마음의 힘이었다. 적어도 복음병원에서 의사와 환자는 돈으로 의술을 사고팔지 않았다. 돈이 아닌 것으로 빈 곳을 채우며 고마운 마음으로 신세를 졌고, 또한 힘이 닿는 만큼 베풀며 더불어 살았다. 그나마 걸을 수 있는 어떤 환자는 걷지조차 못 하는 환자를 위해 약을 나르고 붕대를 감았다. 때로는 불편한 다리로 환자를 돌보다 기술을 배웠고, 나중에는 복음병원의 한 식구가 되었다.

부산 복음병원 사무처장을 지낸 정기상 선생은 이렇게 말했다.

"6·25전쟁 다음 해, 무릎 관절이 굳어서 걸을 수 없는 병이 생겼어요. 그래서 그냥 앉은뱅이가 되나 보다 하고 있었는데, 장기려 박사님이라는 분이 있다고 해서 혹시나 하고 부산까지 찾아갔죠. 그때 저는 경남 하동에 있는 작은 마을에서 부모님이 하시는 정미소 일을 돕고 있었는데, 벌써 경상남도 일대에는 장기려 박사님에 대한 소문이 전설처럼 퍼져 있었습니다. 그분이라면 못 고치는 병이 없다고 말이에요. 그래서 고생 끝에 그분을 찾아갔는데, 정말로 치료가 가능하다고 하시더니 수술을 해 주시더라고요. 그래서 치료를 받으면서 입원하고 있었는데 달리 할 일도 없고, 병원은 눈코 뜰 새 없이 바쁘고 하니까 검사실에서 조금씩 일을 도왔어요. 그런데 어느 날 미군 부대에서 받은 방사선 기계를 운전기사가 고치다가 터져 버리는 일이 생겼습니다. 그냥 자동차나 이거나 기계인 건 마찬가지니까 대충 손보면 되겠지 했나 본데, 그게 아니었던 거죠. 그래서 내가 여기저기 다니면서 기술도 좀 배우고 해서 그걸 고쳤는데, 그러다 보니 거의 병원 식구가 되어 버립디다. 나는 그냥 병원에 붙어 있으면서 일을 계속했지요. 그게 뭐 직장이라거나 그런 생각도 없었고, 그냥 내 집이려니 하고 느꼈던 것 같아요. 그저 밥 먹고, 잠자고, 그렇게 내 집 일 하듯 2년쯤 살았더니, 어느 날 박사님이 월급을 주시더군요. 그 월급을 받고서야 '아, 내가 이 병원의 직원이 되었구나' 했죠."

그밖에도 복음병원에는 '환자 출신 직원'이 적지 않았다. 그들의 작은 손길들이 모여 복음병원은 많은 일손을 덜 수 있었다. 그 가운데 골수염 수술을 받았던 어재선이라는 환자가 있었다. 고마운 마음에 그는 약제실에서 오랫동안 일을 했을 뿐만 아니라, 그의 어머니까지도 나와 한동안 병원 빨래를 맡아 해 주기도 했다.

11. 휴전

장기려는 그 뒤로도 천막 병원 시절을 잊지 않았다. 할 수 있는 만큼 최선을 다했던, 가장 보람 있던 때로 기억했다. 그리고 그 시절의 마음가짐을 거울삼아 자신의 삶을 되돌아보고 마음에 되새기곤 했다.

1970년대 후반, 부산에서도 손꼽힐 만큼 큰 병원이 된 복음병원의 원장이었을 때 장기려는 이런 말을 했다.

"그 시절에 비하면 지금 나는 너무나 가진 것이 많다. 이따금 결혼식 주례를 설 때마다 선물로 받는 것이기는 하지만, 넥타이만 해도 수십 개나 된다. 필요 이상으로 많은 넥타이를 보면 죄스러운 생각이 들어서 나눠 주도록 애쓰고는 있지만, 천막 병원 시절에는 구호품으로 받은 양복은 있는데 넥타이가 없어서 딱 하나만 있었으면 싶던 때가 있었다."

큰 병원의 원장이라고 해도 장기려는 자기 이름으로 된 집 한 채가 없었다. 심지어는 신년 하례 때 입을 만한 번듯한 한복 한 벌도 없었다. 그에게는 천막 병원 시절에 찍은 사진조차 남아 있지 않았다. 사진기가 귀하기도 했지만, 기념사진 한 장 찍을 만한 여유도 없었거니와 오늘이 아닌 먼 미래를 생각할 여유는 더더욱 없었기 때문이었다. 그러나 숨 가쁘게 달려온 그가 다시 갈림길에 서야 할 순간은 곧 다가왔다.

"박사님, 소식 들으셨습니까?"

"예? 무슨……."

"전쟁이 끝났다는군요. 미군하고 북한군이 휴전협정에 조인을 했답니다."

'휴전…….'

소식을 전해 준 사람은 전영창이었다. 약을 받으러 유엔 민사 원조처에 다녀오는 길에 전해 들은 소식인 듯했다. 전영창은 더 이상 말을 잇지 못하고 천막을 나섰다.

곧 휴전이 될 거라는 소문은 이미 두 해 전부터 떠돌고 있었다. 휴전이 된다는 것은 당장 전선에서 죽어 나가는 목숨을 구할 수 있다는 것을 뜻했다. 그러나 그게 다가 아니었다. 동시에 남북으로 갈라진 분단이라는 장벽을 현실로 인정해야 하는 것이기도 했다.

대통령은 분단을 인정할 수 없다며 유엔군의 결정에 맞서기도 했지만, 보통 사람들의 뜻은 또 달랐다. 하루하루 견디기 힘든 죽음의 공포에서 벗어나 한숨 돌리게 되는 것만으로도 충분히 감격스러울 수 있었다.

혼자 남은 진료실 천막 안에서, 장기려는 혼잣말을 중얼거렸다.

"다행이군. 잘됐어."

그러나 그의 눈동자는 힘을 잃고 바닥으로 떨어졌다. 온몸에서 기운이 빠져나가는 듯했다. 자신도 모르는 새 입을 열고 한숨이 뿜어져 나왔다.

'후우우우'

날짜를 셈해 보니 1953년 7월이었다. 해 넘기고 날 풀리면 돌아오겠노라며 처자식과 부모님을 등진 것이 1950년 12월이었으니, 약속된 날을 채우고도 두 해를 더 보낸 것이다. 그리고 다시 계절은 봄을 지나 한창 뜨거운 여름에 닿아 있었다.

피난 내려온 이듬해 봄, 두 번째로 빼앗겼던 서울을 되찾고 두 해가 지나도록 전황에는 별다른 변화가 없었다. 달라진 게 있다면, 하루에도 주인이 몇 번씩 바뀐다는 전선의 봉우리 하나에서 시체가 하루에도 수천 구씩 쌓인다는 사실뿐이었다. 그리고 그것을 무슨 경사라도 난 듯 비장한 목소리로 선전하는 방송과 신문 기사들의 조금씩 달라지는 지명과 부대 이름들뿐이었다.

그해 봄부터 지금껏 장기려는 불안했다. 이미 돌아가야 할 시간이 지났지만, 전선은 안타깝게도 대동강 남쪽에서

만 움찔거렸고, 오히려 평양은 거듭된 폭격으로 잿더미가 되었다는 소문만이 흘러들었다. 평양 폭격을 지휘한 어떤 미군 장교는 평양 시내를 구석기 시대로 돌려놓고 왔다며 너스레를 떨었다. 그럴 때마다 장기려는 가슴이 떨렸다. 그런 아수라장에서 날렵하지 못한 대식구가 안전할 거라고 믿기는 쉽지 않았다.

그런데 결국, 휴전이 되어 버렸다. 푯말 두어 개와 엉성한 철사 몇 가닥으로 나누어 놓았던 삼팔선은 세 겹, 네 겹으로 된 살벌한 철조망과 지뢰밭으로 싸인 휴전선으로 바뀌고 말았다. 그리고 장기려의 가족은 그 위와 아래로 찢겨 버렸다.

그날도 환자는 줄지 않았다. 그러나 그날은 전에 없이 환자에게 집중할 수가 없었다. 그저 건성건성 청진기를 놀렸고 처방전을 썼다. 도저히 수술 칼만은 잡을 수 없었다.

장기려의 마음이야 어쨌건, 온 나라가 활기를 띠기 시작했다. 8월부터는 정부 기관들이 서울로 되돌아가기 시작했다. 뒤이어 부산에 '전시 연합 대학'이라는 형태로 모여 있던 여러 대학들이 서울로 올라갈 준비를 하기 시작했

다. 그해 봄부터 장기려가 교수직을 겸하고 있던 서울의대 역시 돌아갈 계획을 세우고 있었다.

돌아보면 아직 폐허 아닌 곳이 없었다. 그러나 기약 없이 버티던 피난지에서 짐을 챙기는 사람들의 얼굴에는 오랜만에 화색이 돌고 있었다.

12. 갈림길

복음병원에도 갈림길은 찾아왔다. 1953년 8월 어느 날 밤, 장기려와 전종휘, 그리고 전영창은 진료실 천막 한쪽에 모여 앉았다. 그리 가볍지 않은 낯빛들이었다. 천막 안팎에서 우는 귀뚜라미 소리가 카랑카랑했다.

"전쟁은 끝났고, 언제까지 무료 진료를 할 수 있는 것은 아니지 않습니까. 복음병원도 계속 유지될 수는 없을 겁니다. 전쟁 중에 이만큼 이끌어 왔고, 이만큼 한 것으로 충분하다고 생각해야 하지 않을까요? 선배님, 같이 서울로 가서 후배 의사를 키워 내는 일에 전념하시지요."

전종휘는 곧 떠나게 될 서울의대를 따라 올라갈 결심을

굳히고 있었다. 그리고 장기려에게도 같이 할 것을 권하고 있었다. 전영창도 생각은 다르지 않았다.

"저도 다시 미국으로 돌아가 하던 공부를 마저 마칠까 합니다. 박사님도 학교로 돌아가시는 게 좋을 것 같습니다. 이 병원은 애초에 전쟁 중 피난민을 도우려고 시작한 것이니까, 바뀐 상황에 맞게 교회나 유엔 쪽 처분대로 따르면 될 것 같고요."

모두 사실이고 맞는 말이었다. 어차피 전쟁도 끝난 마당에, 무료로 진료하는 병원이 계속 유지될 수는 없는 노릇이었다. 날마다 하루 50인분씩 약을 지원하던 유엔 민사원조처도 철수할 것이고, 전재민을 위해 나라 안팎에서 보내던 헌금도 이제는 중단될 것이었다. 더구나 이제 전쟁이 끝났다고 소박하게나마 건물도 세우고 번듯한 시설도 갖춘 병원들이 문을 열 마당에, 전쟁 중 쓰다 남은 천막으로 만든 병원에서 환자들을 기다릴 수도 없는 노릇이었다.

그러나 장기려로서는 쉽게 결정할 수 있는 일이 아니었다. 만약 복음병원이 제대로 치료비를 받는 번듯한 병원이었다면, 아마 장기려는 지난 두 해 반을 버티지 못했을지 몰랐다. 하루하루 속죄하는 마음으로 만난 환자들이 없었더라면 남몰래 멍든 가슴을 어떻게 달랠 수 있었을까 싶기도 했다.

그만큼 장기려에게 복음병원과 환자들은 특별한 존재였다. 장기려는 말로 하기 힘든 미련을 어쩌지 못하고 애꿎은 손바닥만 비벼 대고 있었다.

"선배님, 아무 말씀 마시고 갑시다. 가셔야 됩니다."

어쩌면 그 속을 너무 잘 알기에, 전종휘는 새삼 못을 박으려 했다. 장기려도 더 버티지 못하고 입을 열었다.

"내가…… 말이야……, 서울과 부산을 오가면서 일을 하면 되지 않겠나?"

"예에? 서울과 부산을요?"

전종휘와 전영창은 입을 다물지 못했다. 그때만 해도 석탄을 태워 달리는 증기기관차가 가장 빠른 교통수단이었다. 서울에서 부산까지 무려 열한 시간을 달려야 도착할 수 있었다. 그 길을 주마다 오간다는 것은 누가 봐도 무리였다. 오히려 강의도, 진료도, 아니 그보다는 몸이 견뎌 내지 못할 것이었다.

"아이고 박사님, 그게 말처럼 쉬운 일이겠습니까? 내려오는 데 한나절 올라가는 데 한나절인데, 그렇게 되면 1주일에 이틀은 길에다 버리는 셈이 됩니다."

누구에게나 시간은 스물네 시간이다. 그러나 마음에 굳게 정한 것이 있으면, 사람들은 그 정해진 시간을 스물다섯 시간, 스물여섯 시간으로 쓰는 요령을 내기도 한다. 장기려의 마음속에서는 벌써 그런 계산이 서고 있었다.

"어차피 밤에는 잠을 자야 하니까 밤차를 타고 내려오면서 자고, 또 올라가면서 자고 하면 되겠지. 걱정들 마시게."

"후유……, 박사님도 참……."

전종휘와 전영창도 더 이상 달리 말을 붙일 수 없었다.

그때 동숭동에 있던 서울의대 건물은 미국 공군이 본부로 쓰고 있었다. 거듭 미뤄지던 건물 반환은 이듬해 3월이 되어서야 이루어졌고, 서울의대는 곧장 서울로 돌아갔다.

장기려는 주중에 수업이 끝나면 곧장 서울역으로 가 밤기차를 탔다. 그리고 흔들리는 기차 안에서 새우잠을 잤다. 주말은 복음병원에서 보냈다. 짧기만 한 시간이 다 가면 다시 밤 기차에 고단한 몸을 싣고 서울로 돌아왔.

기차는 요란하게 달렸다. 짐짝처럼 실려 부산으로 내려가던 1950년 겨울 피난 열차가 가끔 떠올랐다. 쪼그려 앉

아 눈만 껌벅이던 가용이의 가엾은 얼굴도 겹쳐 보였다. 기차가 덜컹, 하고 울릴 때마다 가슴을 저미듯 파고들던 자책감과 불안감이 되살아났다. 장기려는 나직이 하나님 아버지를 불렀다. 더 이상 이 나라의 수많은 가족들에게 슬픈 일이 일어나지 않기를 간절히 빌었다.

훗날 전영창은 미국 유학을 마치고 돌아와 교육 사업을 벌였다. 그는 거창고등학교를 새로 열어 학생들을 가르치기 시작했다. 입시 경쟁에서 이기는 법보다는 사람과 사회에 대한 헌신과 봉사의 소중함을 가르쳐야 한다고 그는 믿었다. 그때 장기려도 재단 이사가 되어 전영창을 도왔다.

13. 새 병원

주마다 서울과 부산을 오간 장기려의 노력 덕에 일단 복음병원은 유지될 수 있었다. 그러나 장기려도 돈 문제만큼은 어쩔 도리가 없었다. 이제 전쟁도 끝났으니 머지않아 국제기구나 외국에서 오던 지원 물자도 끊어질 것이었다. 어떻게든 병원 살림을 꾸려 나갈 다른 길을 찾아야만 했다.

다시 한상동 목사가 떠올랐다. 처음 복음병원을 열 때 큰 몫을 해 주었던 것처럼, 그라면 무슨 뾰족한 수가 있을 것만 같았다.

며칠 뒤 한상동 목사가 장기려를 찾았다. 반가웠다. 어찌 되었든 의사 한 사람의 의지와 노력만으로 병원이 유지될 수는 없는 노릇이었다. 한 목사는 복음병원의 앞길에 중요한 결정을 내려 줄 수 있는 사람이었다.

"이 부족한 사람이 자꾸 부탁만 드리는군요. 죄송합니다."

"원 박사님도 별말씀을 다 하십니다. 그래서 말인데요, 복음병원을 고려신학교와 합쳐서 운영해 보면 어떨까 합니다만……."

"예? 고려신학교라면……."

장기려도 그 학교에 대해서는 잘 알고 있었다. 한상동 목사는 남쪽으로 내려와 삼일교회에서 목회를 맡던 해부터 부산에 고려신학교를 세워 운영하고 있었다. 고려신학교는 일제의 신사참배 요구에 저항하지 않은 교단 지도자들을 비판하면서 만들어진 '고려파 예장 총회'(오늘날의 장로교 고신)의 중심이었다. 따라서 복음병원과 고려신학교를 합치자는 제안은, 다시 말해 복음병원을 '고신'이라는 종교 단체 속으로 포함시키자는 뜻이기도 했다.

장기려와 한상동 목사는 평양 산정현교회에서도 함께 일한 인연이 있었고, 천막 병원에서 시작한 복음병원도 사실 한상동 목사를 비롯한 고신 계열 신자들이 낸 헌금에 적잖이 기대고 있었다. 어쨌든 복음병원이 유지되길 원했던 장기려로서는 거절할 이유가 없는 제안이었다. 재산 가치도 없을뿐더러, 자칫 큰 부담이 될 게 뻔한 병원을 함께 책임지겠다는 뜻이기 때문이었다.

"감사합니다, 목사님. 그렇게 될 수만 있다면야……."

물론 고려신학교라고 해서 살림이 넉넉한 건 아니었다. 그저 허름한 건물에서 비바람을 피하며 공부하고 예배드릴 수 있는 것만도 감사하던 처지였다. 건물은 낡고 낡아서 당장 무너진다고 해도 조금도 이상할 게 없을 정도였다. 만약 조금이라도 여유가 생긴다면, 무엇보다 먼저 번듯한 건물이라도 지어야 할 형편이었다. 상황이 이렇다 보니 고려신학교와 합친다고 해서 당장 복음병원 살림이 좋아지는 것은 아니었다. 두 개였던 고민 덩어리가 좀 더 커진 한 덩어리가 되었다는 것 이상도 이하도 아니었다.

그래도 장기려는 고마웠다. 앞으로 어떻게 될지는 몰랐지만, 마치 제 일처럼 마음을 써 주는 한 목사가 든든하기만 했다. 오히려 한상동 목사는 하늘이 돕지 않겠느냐며 장기려를 다독여 주었다.

행운은 생각지도 못한 곳에서 장기려를 찾아왔다. 전쟁이 끝나고 폐허가 된 도시에서 너나없이 굶주려야 했던 그때, 건물 지을 돈이 나올 만한 곳은 그나마 미국 사람들의 호주머니뿐이었다. 그리고 그런 미국 사람들의 돈을 끌어 올 수 있는 곳은 기독교를 중심으로 한 종교 단체와 유엔을 비롯한 국제기구들뿐이었다.

말스베리 목사는 장기려하고도 깊은 인연을 맺고 있던 사람이었다. 해방되기 전부터 평양에서 활동했던 그가 언젠가는 장기려에게 한국 이름을 지어 달라며 부탁한 적이 있었다. 그때 장기려는 소리 나는 대로 '마(馬)'를 성씨로 하고, 으뜸이라는 뜻을 가진 '두원(斗元)'이라는 이름을 지어 '마두원'이라고 불러 주었다. 그 뒤로 말스베리는 평생 한국에서 살며 자신을 '마 목사'로 소개하곤 했다.

말스베리 목사처럼 한국에서 오래 산 선교사들은 미군 부대의 입장에서도 쓰임새가 많았다. 한국이라는 낯선 땅에 대해 정보를 주었을 뿐 아니라, 꼭 필요한 한국 사람과 연결하는 다리 구실까지 해 주기 때문이었다. 그래서 미국 출신 선교사들은 대부분 미군 부대와 긴밀한 관계를 맺고 있었다. 장기려가 간첩죄를 쓰고 정보기관에 끌려갔을 때 그를 구해 준 것이 치즘이라는 선교사였던 것도 이런 배경에서 나온 것이다.

그런 말스베리가 어느 날 느닷없이 장기려와 한상동을 찾아왔다.

"장 박사님, 장 박사님. 아아, 한 목사님도 계셨군요."

"마 목사님 아니세요, 웬일이십니까?"

"됐습니다, 됐어요. 학교는 물론 병원 건물도 지을 수 있게 되었어요."

장기려와 한상동은 무슨 영문인지 몰라 어리둥절했다.

"그게 무슨 말씀이세요. 건물을 지을 수 있게 되었다니요?"

"글쎄, 제가 지금 미군 원조 기관 사람을 만나고 오는 길인데, 학교와 병원 짓는 데 필요한 건축자재를 모두 지원하겠다는 약속을 받고 왔다니까요."

"그, 그게 정말입니까?"

장기려는 믿기지 않았다. 몇날 며칠을 고민하면서도 엄두를 못 내던 일이 하루아침에 이루어졌다니, 정말 사실일까 싶었다.

들어 보니 사정은 대략 이랬다. 미군 원조 기관 책임자를 만난 자리에서 말스베리는 왜 가톨릭 계열인 메리놀 병원은 도와주면서, 신교 계열은 도와주지 않느냐고 반쯤 농담을 섞어 투덜댔더니, 신교도 병원을 가지고 있느냐고 되묻더라는 거였다. 그래서 '부산 경남 일대에서 명의로 소문난 장기려 박사가 3년째 무료 진료를 하고 있는 복음병원을 모르느냐, 그 병원은 제대로 지원을 받지 못해 아직까지 다 쓰러져 가는 천막 세 개를 치고 있다'고 내친김에 쏘아 댔다는 거였다. 그랬더니 그 책임자가 하는 말이, '이왕 철수하는 마당에 미군 공병 부대에 남아 있는 건축 자재를 지원하겠다'고 했다는 것이다. 그래서 250평쯤 되는 건물을 지을 자재를 공짜로 지원받기로 했으니, 학교든 병원이든 모두 지을 수 있을 거라는 말이었다.

"정말 잘되었습니다. 목사님, 정말 큰일을 해 주셨어

요."

그런데 말스베리 목사의 얼굴에서 웃음기가 조금 걷혀 있었다.

"그런데 그게……, 그냥 자재만 대 준다는 것이어서 건물을 지을 땅과 일할 사람 품삯은 우리가 책임을 져야 한다는 게 문제긴 하군요."

"땅과 노임을요? 사실 그것도 만만치 않을 텐데……."

"게다가 그쪽에서는 어디에 지원하는지, 또 결과가 어떻게 되었는지까지 다 검토해야 한답니다. 지원받은 자재를 목적에 맞게 쓴 다음 보고를 해 달라는 말인데, 제가 걱정 말라고 큰소리를 치고 온 것이 조금 마음에 걸리긴 합니다. 우리가 할 수 있을까요?"

"방법이 있긴 할 텐데……."

그게 무슨 말인지 모르는 사람은 없었다. 흉흉한 소문이 많이도 돌았던 터라 별로 놀랄 것도 없었다. 그때만 해도 몇몇 높은 자리에 있던 사람들은 미군 부대에서 지원받은 자재나 돈, 약품을 몰래 빼돌려 자기 재산을 모았다.

걱정스런 분위기가 세 사람을 휩쌌다. 일부러 그럴 일은 없을 테지만, 혹시라도 약속을 지키지 못하는 날에는 한국의 종교계 전체가 엉뚱한 오해와 누명을 뒤집어쓰게 될지도 모르는 일이었다.

침묵을 깬 것은 다시 말스베리 목사였다.

"이렇게 된 것, 걱정만 하고 있으면 뭣 하겠습니까? 최선을 다해 땅과 노임을 마련해야지요. 일단 제가 벌인 일이니까, 제가 뛰어서 책임을 져 보지요."

그는 한시도 아깝다는 듯 문밖을 나섰다. 한상동 목사도 머뭇거릴 시간이 없다며 부지런히 움직이기 시작했다. 해내려는 의지와 노력만 있다면, 때로는 그렇게 저질러 놓고 시작하는 일이 더 잘 되는 경우도 있는 것일까?

일은 걱정했던 것보다 잘 풀려 나갔다. 가장 먼저 한 목사가 목회를 하던 장로교 고신 교단 신도들이 뜻을 모아 헌금을 보내 왔다. 단 몇 주 만에 백만 환이라는 큰돈이 만들어졌다. 장기려와 한상동 목사는 그 돈으로 바다가 보이는 송도 언덕배기에 땅 1만여 평을 살 수 있었다. 얼마 뒤 미국에서 6만 달러나 되는 거금이 도착했다. 말스베리 목사가 미국에 있는 친구들과 교회에 편지를 써 호소한 덕분이었다.

마침내 1956년, 새 복음병원 건물이 다 지어졌다. 신학교 건물 세 동과 함께였다. 그리고 그 이듬해 복음병원은 천막 병원을 떠나 번듯한 건물로 들어갈 수 있었다.

14. 직원들 몰래 도망가시오

드디어 새 건물로 옮겨 가게 되자, 장기려를 비롯한 병원 직원들은 장밋빛 꿈에 부풀어 있었다. 이제 아무리 눈이 많이 와도 걱정이 없었다. 천막이 무너지지 않도록 쌓인 눈을 털어 내느라 잠을 설칠 필요도 없었다. 뿐만 아니라 장마가 져도 물그릇을 준비하지 않아도 되었다. 더 이상 젖은 천막을 타고 떨어지는 빗방울 때문에 마음 아파하지 않아도 되는 것이다.

장기려는 가슴이 뛰었다. 이제 흙바닥에서 올라오는 한기와 습기를 걱정할 필요가 없게 되었다. 무엇보다 환자들에게 좀 더 따뜻하고 안락한 공간을 마련해 주었다는 사실이 그는 기뻤고 감격스러웠다.

그러나 그것도 잠깐이었다. 그동안 걱정하던 일이, 오지 않았으면 싶던 소식이 갑작스레 들려왔다. 환자들이

내는 치료비 없이도 그나마 병원이 유지될 수 있었던 것은 지난 9년 동안 달마다 500달러씩 보내 주던 미국 개혁파 선교회 덕이 컸다. 그런데 그 지원금이 이제 중단된다는 것이다. 이제 건물도 가지게 된 만큼, 운영도 스스로 할 수 있을 것으로 믿기 때문이라고 했다.

복음병원도 '자립 운영'을 생각하지 않은 건 아니었다. 문을 연 지 3년을 넘기고부터는 '감사함'을 두었고, 얼마 전부터는 수술 환자만이라도 100환씩 치료비도 받으면서 어떻게든 스스로 꾸려 나갈 힘을 가지려고 했다. 그러나 쉬운 일은 아니었다. 그렇게 들어온 돈은 얼마 되지 않았을뿐더러, 약품이나 장비를 사면 거의 남는 것이 없었다. 여전히 직원들에게는 최소한의 생활비도 주지 못하는 형편이었다.

더구나 물가는 하늘 높은 줄 모르고 치솟고 있었다. 전쟁이 끝난 뒤 2년 동안 10배나 치달아 올랐던 물가는 그 뒤로도 해마다 적게는 30%, 많게는 60%까지 오르고 있었다. 밥만 굶지 않으면 더 욕심내지 않고 일할 식구들이라고는 해도, 그 밥을 굶지 않기 위한 비용이 적지 않게 필요했다.

그 소식은 한참 들떠 있던 병원 식구들 가슴을 답답하게 만들었다. 병원은 당장 최소한의 운영비라도 마련할 길을 찾아야만 했다. 그리고 결국 정해진 대로 치료비를 받되, 치료비가 없는 사람만 무료로 치료해 주는 것을 원칙으로 삼을 수밖에 없었다.

그러나 복음병원을 찾는 환자들은 선뜻 받아들이지 못했다. 이제 치료비를 내야 한다는 사실이 새삼 당혹스러운 모양이었다. 아니, 치료비가 필요하다는 생각을 아예 하지 않다가, 청구서를 받아 든 뒤에야 난감해하는 경우가 더 많았다.

그런 환자들을 볼 때마다 장기려는 안타깝고 가슴이 아팠다. 잔뜩 겁먹은 얼굴로 이러지도 저러지도 못한 채 돈 걱정을 하던 환자들, 내고 싶어도 가진 게 없다며 통사정을 하던 환자들, 미안한 듯 발걸음을 돌리면서도 속으로는 이제 복음병원이 변했다고 욕하는 듯한 환자들이 눈에 밟혔다.

사람이 아프면 치료를 받아야 하고, 의사는 하나님을 대신해 그 일을 하는 사람이라고 그는 생각했다. 돈이 없다 해서 치료받을 수 없는 세상이라면, 그것은 하나님의 뜻이 아닌 마귀가 지배하는 세상이라고 그는 믿었다. 그러나 바로 그 순간, 장기려는 너무도 무력하기만 한 자신의 모습을 발견하고 말았다.

그러다 보니 치료비가 없는 환자들은 툭하면 직원들 눈을 피해 도망을 쳤다. 그리고 그것마저 여의치 않으면 원장인 장기려를 찾아와 매달렸다. 부산 사람들은 원래 '복음병원 간다'고 하지 않고 '장 박사한테 간다'고 했다. 복음병원이 말끔한 새 건물로 바뀌고 매정하게 치료비 청구서를 내미는 존재로 달라졌을지언정, 그래도 장기려만큼은 예전처럼 변함없이 애원할 수 있는 존재라고 그들은 여겼다.

그러나 원장이라고 해서 치료비에 대해 정해진 규정을 마음대로 바꿀 수는 없었다. 그런 까닭에 장기려가 할 수 있는 일이라고는 거의 없었다. 있다면 그것은 자신의 월급을 터는 것뿐이었다. 그는 매달리는 환자들의 치료비를 모두 자신의 호주머니를 털거나, 아직 나오지도 않은 월급에서 빼도록 했다.

그러다 보니 더 이상 내줄 월급이 다음 달치에도 안 남는 달이 생기곤 했다. 채 중순도 지나지 않아서였다. 그렇

다고 환자들이 그런 사정을 알 리 없었다. 환자들은 더 이상 병원장이 아닌 개인 장기려의 힘으로도 어찌지 못할 지경까지 몰려들고 있었다.

 이런 일이 계속되자, 서무과 직원들은 이제 결단을 내려야만 했다. 어쩔 수 없는 일이었다. 먼저 더 이상은 병원장 월급에서 미리 치료비를 계산하지 못하도록 막았다. 그리고 환자들에게는 전보다 더 냉정하게 치료비를 재촉했다. 그러자 생각지도 못한 일이 벌어지고 말았다. 이제 장기려는 병원 규정이고 살림이고 가리지 않고, 환자들을 몰래 도망시키기까지 했다.

 "이따가 밤에 뒷문을 살짝 열어 놓을 테니, 직원들 모르게 도망가시오."

 밀린 입원비 때문에 퇴원하지 못하던 환자들은, 원장 입에서 나온 이 뜻밖의 말을 어떻게 받아들여야 할지 몰라 어리둥절해하곤 했다. 그들은 병원장이라는 자리가 자기 월급 몇 푼도 온전히 챙기지 못할 뿐 아니라, 자기 마음대로 다음 달 월급 가불도 못 하는 자리라는 것을 알 길이 없었기 때문이다.

15. 부산의대

 장기려는 그 사이 서울 생활을 접고 부산에 정착했다. 서울과 부산을 오가는 생활이 버겁기도 했지만, 이제 부산에 머물며 복음병원에 더 큰 관심을 가져 주었으면 하는 부산 사람들의 바람도 외면하기 어려웠다. 무엇보다 고신 교단 교인들이 모여서 '장기려와 복음병원을 위하여'라는 주제로 기도를 하고 있다는 소식은 적지 않은 부담이 되었다.

 마침 장기려를 초빙해 외과를 새로 만들려는 계획을 가지고 있던 부산대학의 요청도 마음을 끌었다. 어차피 학생들을 가르치고 자신의 의술도 다듬어야 한다면, 먼 서울보다는 가까이 있는 부산대학에 자리를 잡는 것도 여러모로 괜찮을 듯싶었다.

 "아무래도 부산에 정착해야 될 것 같구먼."

 "아니, 선배님. 그게 무슨 말씀이십니까. 오히려 여기 서울대학에 계셔야죠. 복음병원은 이제 그만하면 됐습니다. 후배 의사들도 많이 들어왔고, 교단에서 지원도 받으니까 걱정 없잖아요. 이젠 여기서 제자들을 좀 길러 주셔야죠."

전종휘는 펄쩍 뛰면서 말렸다. 이미 부산으로 피난 갔던 서울의대가 서울로 돌아올 때부터 학교에만 전념할 것을 권했던 전종휘였다. 그의 말을 듣지 않고 열한 시간이나 걸리는 기차에서 새우잠을 자며 서울과 부산을 오르내리던 장기려를 보는 것만으로도 전종휘에게는 괴로운 일이었다. 그런데 이제 한 술 더 떠서 서울의대 교수직까지 버리겠다는 말을 들으니 기가 막히지 않을 수 없었다.

"아니야. 여기는 훌륭한 선생들이 많이 계시지만, 복음병원은 아직 내가 좀 더 필요하네. 다행이 부산대학에 자리가 생겼으니, 연구는 거기서도 좀 하면 될 것 같고. 여기는 전 박사나 다른 분들이 수고를 좀 해 주시고……."

장기려는 결국 서울의대 교수직을 그만두었다. 전종휘도 그저 지켜볼 밖에 어쩔 도리가 없었다. 그리고 부산의대는 장기려를 얻음으로써 시작부터 든든한 모양새를 갖출 수 있었다. 전쟁이 끝난 뒤 종합대학으로 승격된 부산대학은 1955년에 의대를 설립했고, 그 가운데 외과를 장기려에게 맡겼다.

부산대학으로 옮긴 장기려는 오랜만에 의학 연구에 집

중할 수 있는 시간을 가지게 되었다. 물론 그는 여전히 복음병원장이었고, 복음병원에서 환자들을 치료하는 것은 중요한 일과 가운데 하나였다. 그리고 환자 치료를 뺀 병원 살림에 대해서는 애써 신경 쓰지 않으려고 노력하고 있었다.

사실 새 건물로 들어간 뒤, 복음병원은 전하고는 다른 상황을 맞고 있었다. 맨 처음 병원을 열고 이끌어 왔던 전영창과 전종휘가 자리를 비운 대신, 한상동 목사가 이끌던 고신 교단이 중요한 몫을 하기 시작했다. 그러던 중 병원 규모도 점점 커졌고, 저마다 다른 배경을 가진 직원들이 들어와 병원 분위기도 사뭇 달라지고 있었다. 전에는 가난한 환자를 돕는다는 한 가지 목표만으로 충분했다면, 이제는 환자 치료는 물론 선교 활동도 중요했고, 자립적인 병원 운영은 더더욱 중요해져 있었다.

그러다 보니 서로 다른 견해들이 맞서 충돌하는 일이 잦아졌다. 또 어쩔 수 없이 인맥이니, 지연이니, 학연이니 하는 독버섯들도 섞여 들기 시작했다. 장기려는 왠지 불안해졌다. 그리고 한 사람의 의사로서 묵묵히 환자에게 최선을 다할 뿐, 되도록이면 그런 사람들 사이에 끼지 않으려고 애써 노력했다. 사람들 사이에서 생긴 갈등이란, 누가 앞장서서 큰 소리를 낸다고 해서 풀리는 것이 아니라는 것을 잘 알기 때문이었다.

장기려는 학교를 벗어나 사회에 첫발을 내디뎠던 평양 기홀병원에서도 비슷한 일을 겪은 적이 있었다. 경성의전에서 박사 학위를 받은 뒤 외과 과장으로 갔던 기홀병원에서 그는 곧 병원장 자리에까지 오르게 되었다. 그러나 출신 학교가 다르다는 이유로 사사건건 시비를 거는 다른 학교 출신 의사들의 텃세에 밀려 다시 외과 과장으로 강등되고 말았다. 게다가 무고한 누명까지 뒤집어쓰는 수모를 당했다.

그러나 얼마 지나지 않아 장기려는 모든 누명을 벗고 곤경에서 벗어날 수 있었다. 그것은 자신을 모함한 이들에 맞서 싸웠기 때문이 아니었다. 그는 오히려 침묵했고, 자신의 말과 행동이 하나님의 뜻에 부끄럽지 않기만을 바랄 뿐이었다. 그리고 묵묵히 환자 진료와 연구에 마음을 쏟았다. 다행스럽게도 얼마 뒤 그들은 스스로 뉘우치는 모습을 보였다.

장기려는 이번에도 환자를 위해 더 나은 치료법을 연구

하는 일에만 전념했다. 마음이 아팠지만, 그로서는 달리 할 수 있는 일이 없었다.

새로 생긴 부산의대 외과는 곧 주목할 만한 성과를 내기 시작했다. 장기려는 1958년부터 민영옥, 백태윤, 이형진, 정우영과 연구를 시작하여, 1년 뒤인 1959년 2월 24일 대한민국 최초로 대량 간 절제 수술에 성공했다. 우리나라 외과 역사에 큰 획이 그어지는 순간이었다.

간은 무수히 많은 혈관이 모여 있는 기관이기 때문에 수술이 까다롭기로 손꼽힌다. 그래서 1950년대에는 간에 치명적인 암 덩어리가 생겨도 그 부분만 절제해 봉합하는 것은 거의 불가능한 일로 여기고 있었다. 자칫 무리하다가는 미세한 혈관 뭉치들이 다쳐 피가 많이 나면 환자가 죽게 될 가능성이 높기 때문이다. 그런 형편에서 장기려가 간암 환자의 간에서 암 덩어리를 떼어내는 데 성공한 것이다.

장기려가 이렇게 본격적인 연구를 시작한 지 겨우 1년 만에 커다란 성과를 거둘 수 있었던 것은, 연구원들의 다양한 기초연구가 잘 이루어졌기 때문이다. 민영옥은 140여 구나 되는 시체를 해부해 간의 생김새에 대한 세밀한 정보를 주었고, 유성연은 간 속 혈관의 구조를 밝혀 주었다. 그리고 백태윤, 이형진, 정우영은 개와 토끼를 이용해 간의 절제 가능성을 실험해 주었다.

장기려는 이들의 성과를 바탕으로 다섯 건의 성공적인 대량 간 절제 수술을 마치고 그 결과를 대한의학회에 보고했다. 물론 그 보고서는 우리나라의 의학계를 떠들썩하게 만들었고, 그 공로로 장기려는 1961년도 대한의학회의 학술상(대통령상)을 받았다.

16. 태풍 사라호

1959년, 전쟁이 끝난 지 여섯 해. 짧지 않은 시간이 흘렀지만 처절했던 전쟁의 상처는 아직 깊이 남아 있었다. 거리 곳곳에는 폭격의 흔적이 여전했고, 공장 같은 산업 시설도 제대로 돌아가지 못하고 있었다. 그러나 이 폐허 속에서 국민을 구할 능력이 없던 이승만 정권은, 오히려 부정한 방법으로 정치 생명을 늘이는 데만 정신을 팔았다.

이승만과 자유당에게 이미 국민의 살림살이는 관심 거

리가 아니었다. 그들이 관심을 가지는 것은 오로지 어떻게 하면 정권을 연장할 수 있을까 하는 것뿐인 듯했다. 더군다나 이승만 정권은 벌써 두 번이나 대통령 임기를 채웠기 때문에 선거에 다시 나선다는 것조차 말이 되지 않는 상황이었다.

그러나 이승만은 포기하지 않았다. 자유당은 '초대 대통령에 한해 중임 제한을 적용하지 않는다'는, 말도 안 되는 개헌안을 통과시켜 영구 집권 가능성을 열어 놓았다. 게다가 국회 표결에서 3분의 2라는 가결 요건을 채우지 못해 부결되었는데도, '반올림을 하면 3분의 2'가 된다는 희한한 계산법을 동원해 억지로 통과시키고 말았다. 이른바 '사사오입 개헌'이었다. 그렇게 세 번째로 대통령 직을 얻은 이승만은, 다시 네 번째 선거가 있을 1960년을 대비해 더욱 발악하고 있었다. 그는 죽는 순간까지도 권력을 놓지 않으려는 생각이었던 것이다.

그 과정에서 자유당 정권은 반대파를 없애기 위해 야당 의원들을 모두 쫓아낸 국회의사당에서 '반공법'을 통과시켰다. '민심을 흐리거나', '헌법 기관의 명예를 훼손하는' 것만으로도 공산당을 이롭게 하는 것으로 여겨 처벌하도록 한 악법이었다. 심지어 그 법은 막걸리에 취해 벽에 걸린 이승만 사진을 보고 욕한 사람까지 감옥살이를 시키는 바람에 '막걸리 보안법'이라는 비아냥을 사기도 했다.

이승만은 이 법을 적극 활용해 정권에 반대하는 사람들을 억눌렀다. 그 대표적인 예가 조봉암 사건이다. 이승만 정권은 또 다른 대통령 후보로 경쟁 관계에 있던 조봉암에게 '북진통일'이 아닌 '평화통일'을 주장했다며 이 보안법을 적용해 간첩죄를 씌우고, 1959년 7월 31일에 사형을 시켰다. 온 나라는 무거운 공포 분위기에 짓눌렸고, 출구가 보이지 않는 절망에 신음하고 있었다. 거리에는 도무지 활기가 살아날 기미가 보이지 않았다.

그러나 그 암담한 세월 속에서도 삶의 희망은 조금씩 자라고 있었다. 그리고 생명력은 땅속으로도 깃들어 흙을 기름지게 하고 있었다.

그해 김해평야에는 보기 드문 황금물결이 출렁대고 있었고, 사람들은 역사에 기록될 만한 풍년이 될 거라며 기뻐하고 있었다. 조금 덜 여문 벼를 베어 차례상을 차리면서, 사람들은 추석만 지나면 창고를 그득그득 채우고 겨우내 기름진 쌀밥을 배불리 먹을 단꿈에 빠져 있었다. 그러나 그 단꿈을 다 꾸기도 전, 멀리 서태평양에서 태어난 잔인한 불청객이 어느새 우리나라 쪽으로 올라오고 있었다.

TV는 물론이고 라디오도 귀하던 시절, 일기예보라는 것이 별 구실을 못 할 때였다. 아무도 눈치 못 채는 사이 소리 없이 대한해협을 따라 올라온 태풍 사라호가 추석날 새벽 남해안으로 닥쳤다. 중심 기압 952헥토파스칼. 그야말로 엄청난 규모였다. 중심에는 최대 초속 85m나 되는 강풍을 품고 있는 말 그대로 초대형 태풍이었다.

통영 앞바다로 올라온 사라호는 대구·안동·달성으로, 그나마 전쟁의 참화에 빗겨나 있던 낙동강 근처 황금 논을 오려내듯 가로지르며 내달렸다. 태풍이 포항 앞바다로 빠져나가 소멸된 것은 그 이튿날이었다. '더도 말고 덜도 말고 한가위만 같아라'는 말을 주고받으며 잠들었던 사람들은 느닷없는 폭풍우를 피해 캄캄한 새벽에 도망치듯 뒷산으로 올라가야 했다. 그리고 그들이 산꼭대기에 모여 뒤돌아섰을 때 그들 눈에 들어온 것은 온데간데없는 황금빛 논과 초가지붕마저 삼켜 버린 황토빛 바다였다.

죽거나 실종된 사람만 천여 명에 이르렀고, 집을 잃은 사람은 40만 명이나 되었다. 농사를 짓는 이들은 곧 추수

할 논밭을 잃었고, 고기 잡는 이들은 무려 1만 척이 넘는 배가 동해와 남해에 가라앉는 꼴을 보아야 했다.

전쟁이 할퀴고 간 상처가 채 아물기도 전에, 그래도 살아야 하지 않겠느냐며 발버둥치던 사람들은 그 지독히도 잔인한 태풍의 심술에 넋을 잃고 말았다.

17. 태풍 피해자들

모두들 대단한 태풍이었다며 혀를 내둘렀다. 그리고 각자 자신의 크고 작은 상처를 손보느라 다시 분주한 생활로 돌아갔다. 농부들은 곡식 한 톨이라도 건지기 위해 물에 잠겼던 논에 들어가 볏단을 세워 묶었다. 학생들은 잠시 공부를 접고 교실과 운동장을 청소했다.

복음병원과 부산의대도 다르지 않았다. 다행히 태풍이 훑고 지나간 길에서는 빗겨나 있었지만, 함께 몰려온 엄청난 폭우와 강풍에 성한 곳이 별로 없었다. 이곳저곳 창문이 부서지고 천막이 날아갔다. 넘어진 가로수에 짓눌려 벽이 상한 곳도 심심치 않게 보였다.

온 나라가 시끄러웠다. 아이들은 먹을 것을 찾아 이리저리 헤매고 다녔다. 그러나 그것도 잠시 동안이었다. 3년 동안 전쟁을 치르며 질리도록 죽음을 경험한 사람들은 이미 '사망자 얼마, 이재민 얼마' 하는 신문 기사들에 점점 무뎌져 가고 있었다.

장기려는 염려가 되었다. 대학이나 병원처럼 커다란 건물에도 이처럼 상처가 깊은데, 판잣집에 기대 살던 사람들의 고통은 얼마나 클지 걱정스러웠다.

게다가 제 앞가림도 못하는, 아니 이듬해 있을 대통령 선거에만 정신을 팔고 있던 정부가 이들에게 해 줄 수 있는 일은 거의 없었다. 태풍에 집을 잃은 사람들은 그대로 거리에 나앉았고, 거리의 비바람을 피해 다시 하늘 가릴 곳이라도 찾아 모여들었다.

부산의대 뒤쪽에는 허름한 창고가 하나 있었다. 전쟁 중 군수 물자를 쌓아 두던 곳이었는지, 그때는 비어 있었다. 10월로 접어들자 가을색이 점점 짙어 갔다. 아침저녁으로는 제법 찬 바람이 불던 그 무렵, 이슬이나마 피할 수 있는 그곳에도 사람들은 모여들고 있었다.

"저 후문 뒤 창고에 가 봤어요?"

"아, 그 빈 건물이요? 왜요, 거기 뭐가 있어요?"

"아이고, 거기 거지들이 달박달박해요. 거긴 아직 전쟁터더라니까."

"아니, 웬 거지들이래요?"

"이번 태풍에 집 날아간 사람들이겠지 뭐. 아유, 그 앞으로 지나가면 냄새가 진동해서 말도 못 해요."

부산대 병원의 직원들이 나누던 이야기가 장기려의 귀에 들어왔다. 신문을 읽으며 다들 어디 가서 살고 있을까 궁금했던 이들이, 바로 코앞에 널브러져 있었다는 이야기였다.

장기려는 시간을 내 후문을 나섰다. 좁은 길을 따라가다 보니 직원들 말처럼 비어 있는 듯한 창고가 있었다. 사실이었다. 어쩌다 지나는 사람들마다 코를 막고는 종종걸음으로 멀찍이 돌아서 가고 있었다. 장기려는 묵묵히 다가갔다. 그리고 듣던 대로 퀴퀴한 냄새가 진동하는 창고 안쪽으로 들어가 보았다.

무시무시한 풍경이었다. 차마 발을 들여놓을 틈조차 없을 만큼 가득한 것은, 얼핏 시체 같아 보이는 사람들의 몸뚱이들이었다. 차라리 지나는 사람의 바지 자락을 붙잡고

구걸이라도 한다면, 그것은 삶을 위한 몸부림일 터였다. 그러나 그들은 온기 한 점 없는 찬 바닥에 웅크리고 있었다. 살아갈 힘도 의지도 놓아 버린 채, 얼마 남지 않은 체온이 식어 가는 것을 그저 흐린 눈빛으로 바라보고만 있었다. 그곳에 가득한 것은 비에 곯은 살 냄새와 썩어 가는 누더기의 냄새였다. 그것은 다름 아닌 음침한 고통과 죽음의 냄새였다.

그 처참한 현장에서 장기려는 차라리 분노를 느꼈다. 딱히 누구를 향한 것도, 무엇에 관한 것도 아니었다. 알고 있는 욕이 한 가지도 없었기에 입술은 부르르 떨고 있었다. 정신을 가누는 것조차 힘겨웠다. 얼마나 지났을까, 장기려는 다시 부산의대 후문 앞에서 정신을 차렸다. 얼굴은 어느새 흘러내린 눈물로 젖어 있었다.

18. 행려병자들과 함께

장기려는 일신산부인과로 발길을 돌렸다. 그곳 병원장을 맡고 있던 선교사 맥켄지 박사라면 어려운 사람들을 돕는 일에 발 벗고 나설 사람이었다.

"원장님, 제가 지금 저희 학교 뒤에 있는 행려병자 수용소를 보고 오는 길입니다."

장기려의 표정과 목소리에서, 맥켄지 원장은 벌써 그가 하려는 말을 알아차리고 있었다.

"그러셨군요. 저도 요즘 여러 가지 생각을 하고 있었습니다."

두 사람은 다시 내과 의사 이준철과 치과 의사 유기형을 찾아 만났다. 부산 지역 의사들 모임에서 몇 번 만났을 때 마음이 통했던 이들이었다. 그들도 두 원장의 뜻을 금세 알아차렸다. 그 자리에서 네 사람은 '부산기독의사회'를 만들었다. 그리고 각자 얼마간 돈을 모아 약과 음식을 준비했다. 그리고 다시 시간을 모아 치료를 시작했다.

그러나 행려병자들의 숫자는 네 사람의 의사가 어찌 해 볼 수 있는 범위를 벗어나 있었다. 뿐만 아니라 간단히 살피고 약 몇 알 주는 것으로는 의미가 없을 만큼 중상이 깊은 이들도 적지 않았다. 장기려는 그제야 복음병원을 떠올렸지만, 마음이 편치는 않았다.

장기려는 자신이 하는 일을 굳이 선행이라고 생각하지

않았고, 애써 그러고 싶지도 않았다. 하지만 다른 사람에게 그 일을 함께 하자고 권하는 것은 적잖이 부담스러워했다. 그런데다가 아무리 친한 사람이라도 쉽게 부탁을 할 줄 몰랐다. 주는 것에 익숙했던 반면, 받는 일에는 영 서툴렀다. 훗날 간호학교를 열고 학생들을 위해 도서실을 꾸밀 때도 부산 곳곳에 제자들이 개업한 병원을 돌아다니며 책 몇 권씩을 얻어 와 책장을 채웠던 그였다. 게다가 그때 복음병원은 이미 '좋은 일 하자'는 생각 하나만으로 움직이기에는 덩치가 커져 있었다. 몇 년 전하고는 비교할 수 없을 만큼 나름대로 질서가 잡혀 있었다.

달리 뾰족한 수가 떠오르지 않았다. 장기려는 결국 복음병원 식구들의 힘을 빌릴 수밖에 없다고 생각했다. 그러나 복음병원 원장이라고 해서 쉽게 될 일은 아니었다. 더욱이 이렇게 저렇게 하라고 지시하고 명령할 그도 아니었다.

장기려는 먼저 그들에게 함께 가 보자고 권해 보았다. 스스로 마음에서 우러나기를 기다려 함께하고 싶었던 것이다. 과연 직원들은 장기려의 기대를 저버리지 않았다. 그리고 한결같이 환자들을 병원으로 데려와야 한다고 말했다.

우선 가장 위독한 환자 여덟 명을 복음병원으로 데려왔다. 환자들의 몸 상태는 처참했다. 간호조무사들은 누구나 고개를 돌리던 환자들의 몸을 깨끗이 닦고, 옷을 갈아입히며 가장 힘든 일을 싫은 소리 한 마디 없이 맡아 주었다.

그러나 너무 오래 버려져 있던 사람들의 병세는 생각보다도 훨씬 깊었다. 그저 가늘게 숨만 붙어 있던 네 명이 병원에 도착하자마자 숨을 거두었고, 또 다른 두 명도 몇 달을 버티지 못하고 운명하고 말았다. 첫 입원 환자 여덟 명 가운데 완치되어 퇴원할 수 있었던 사람은 단 둘뿐이었다.

물론 조금 증세가 덜하던 환자에게는 적지 않은 도움이 되었다. 우선 얼마간의 음식과 온기만으로도 건강을 찾을 수 있는 사람이 적지 않았고, 영양제나 항생제만으로도 생명을 구할 수 있는 이들도 꽤 있었다. 그게 다는 아니었다. 자신들을 살리려고 이리 뛰고 저리 뛰는 사람들이 있다는 것만으로도 다시 힘을 얻고 희망의 끈을 쥐게 된 이들 또한 적지 않았다. 그러나 또 어쩔 수 없이 떠나보내야 하는 이들도 많았다. 그럴 때면 장기려와 복음병원 식구들은 너무 늦은 자신들의 손길을 탓하며 안타까워했다.

물론 장기려와 복음병원의 노력만으로 그 많은 이재민

을 돌보기에는 턱없이 부족했다. 그러나 그 조그만 몸짓이 일으킨 파문은 알게 모르게 퍼져 나갔다. 결국 부산시가 나서 행려병자를 돌볼 시설을 만들기 시작했다. 또한 부산의대 교수들을 비롯해 시내에 병원을 연 의사들까지 하나 둘씩 힘을 보탰다.

그해 사라호의 상처는 또 그렇게 치유되어 갔다. 그리고 부산 사람들은 절망이라는 병원균을 이길 수 있는 사랑이라는 이름의 면역력을 조금씩 키워 가고 있었다.

19. 다시 밤 기차를 타고

장기려의 꿈은 의사였다. 의사 한 번 못 보고 죽어 가는 환자들에게 좋은 이웃이 되고 싶었다. 장기려는 그것이 자신의 일이고, 또한 하나님의 뜻이라고 생각했다. 그런 까닭에 돈이나 권력의 유혹에 갈등해 본 적이 단 한 번도 없었다. 아니, 돈이나 권력이라는 것을 유혹으로 느낀 적조차 거의 없었다.

그러나 그에게도 의학자로서 학문에 대한 열망은 있었

다. 더구나 이미 박사 학위를 받던 시절부터 우리나라 최고의 의사요, 의학자라는 인정을 받아 온 그였다. 부산에 뿌리를 내리며 복음병원장을 맡는 동안 부산의대 교수를 겸직했던 것도 그 때문이었다.

  부산대학에서도 큰 보람이 있었지만, 장기려는 그래도 늘 아쉬웠다. 다른 의사들처럼 미국 같은 선진국으로 가 앞선 의술을 배워 왔으면 하는 마음이 있었다. 실제로 전쟁이 끝나고 조금씩이나마 안정을 되찾아 가면서 몇몇 의사들은 미국으로 건너가기 시작했다. 평양 기홀병원 시절 제자로서, 전쟁 중 미군의 고문관으로 있다가 흥남의 10만 피난민을 철수시키는 데 큰 구실을 했던 현봉학 박사도 그 무렵 미국 펜실베이니아 대학으로 유학을 떠났다. 당시 세계 최강대국으로 떠오르던 미국은 의학 분야에서도 세계의 중심이 되어 가고 있었다.

  아무리 돈 욕심 없기로 유명했던 장기려였지만 공부 욕심만큼은 남들 못지않았다. 솔직히 부러웠다. 누구에게 말한 적은 없었지만, 그리고 여건이 된다 해도 차마 떠날 수 없는 길이었지만, 유학은 장기려의 가슴속 깊숙한 곳에 스스로 꺾어 둔 소망 같은 것이기도 했다.

그 무렵 미국에서 외과학을 전공하고 의학 박사 학위를 받은 민병철이 귀국해 서울대학에서 강의를 맡는다는 소식을 들었다. 장기려는 귀가 솔깃했다. 아무리 생각해 봐도 직접 유학을 갈 길 없는 그로서는, 미국에서 많이 배우고 돌아온 사람에게나마 배울 기회를 놓치고 싶지 않았다. 더구나 부산의대 외과도 이제는 제법 자리를 잡고 있었고, 어차피 이전에 재직했던 서울대로 돌아가는 것이라 그리 낯설 것도 없었다.

장기려는 1961년 가을, 다시 부산대학을 떠나 서울대학으로 자리를 옮겼다. 그렇다고 해서 복음병원까지 떠날 수는 없었다. 그래서 2주에 한 번씩 서울과 부산을 오가는 생활을 다시 시작했다. 다행히 그 사이 철도 시설은 많이 달라져 있었다. 십여 년 전, 증기기관차를 타고 달리던 길을 이제는 무궁화 호가 달리고 있었고, 열 시간 넘게 걸리던 시간도 일곱 시간 남짓으로 줄어 있었다.

그러나 그의 몸은 눈에 띄게 피로를 느끼고 있었다. 그의 나이 오십을 넘어서고 있었던 것이다. 복음병원에서 힘든 수술이라도 마친 날이면, 기차에서 새우잠을 자는 동안에도 식은땀이 흘러 온몸을 적셨다.

그래도 장기려는 행복했다. 참으로 오랜만에 느껴 보는 배움의 즐거움이 좋았고, 다시 함께하게 된 후배이자 친구, 전종휘의 위로가 그 고단함을 조금이나마 잊게 해 주었다.

20. 함석헌

1964년 1월 26일. 갑자기 불어 닥친 칼바람에 온 나라가 목을 움츠리고 있었다. 숱한 목숨을 바쳐 독재자를 몰아낸 지 한 해 만에 탱크를 앞세우고 들어선 군인들은 한층 살기어린 군화 소리를 울려 대고 있었다.

1960년 4월 19일, 민중들은 마침내 분연히 일어나 독재자 이승만을 몰아냈다. 그해 3월 15일 대통령 선거에서 드러난 이승만 정권의 부정행위들이 13년 동안이나 억눌려 온 울분에 불을 붙였던 것이다. 학생과 시민들은 총탄을 발사하는 군인들 앞으로 달려 나갔고, 결국 이승만은 미국으로 도망을 쳐야만 했다.

그러나 민중들의 시련은 쉽게 사그라들지 않았다. 독재자를 몰아냈다고 해서 곧장 민주주의가 이루어지는 것은 아니었다. 독재 정권의 그늘에 숨어 못된 권력욕을 배운 정치군인들이 총칼을 앞세워 등장한 것이다. 바로 1961년 5월 16일에 일어난 박정희의 군사 쿠테타였다. 4·19 혁명으로 독재 정권을 몰아낸 뒤 겨우 1년 만에 벌어진 일이었다.

그 무렵 신문 사회면에는 연탄가스를 마시고 숨진 사람들과 그 연탄마저 때지 못해 얼어 죽은 사람들에 대한 기사가 어제 신문과 오늘 신문을 구분하기 힘들 만큼 실리고 있었다. 그 가운데서도 1월 26일 조선일보에는 '삼남매 독살'이라는 제목의 기사가 사회면의 절반 정도를 차지하고 있었다. 숟가락, 젓가락까지 팔아야 했던 가난한 아버지가 삼남매에게 독약을 바른 식빵을 먹여 죽였다는 내용이었다. 그리고 그 아버지는 이미 팔아 버린 움막집마저 비워야 할 날이 다가오자 결국 끔찍한 일을 저지르고 나무에 목을 매 자살했다고 적혀 있었다. 그런데 그 중에서도 무엇보다 사람들의 눈길을 끈 것은, 그 기사의 끝부분에 실려 있던 맏딸의 일기장 사진이었다.

'아빠가 오늘도 식빵 사 왔네. 엄마는 왜 안 오나, 보고 싶네. 아가가 자꾸만 울어서.'

아마도 아버지가 뒤에서 식빵에 독을 바르는 동안 썼을, 그리고 어서 와 식빵 먹으라는 아빠의 부름 때문이었는지 채 맺지 못한 단 세 개의 문장. 받아쓰기 시험지에서 튀어나온 듯한 삐뚤빼뚤 굵은 연필 글씨였다.

"아니, 세상에 제 자식에게 독을 먹이는 부모가 어디 있담. 천벌을 받을 놈 같으니."

사람들은 쯧쯧 혀를 차며 그 아버지를 욕했다.

바로 그날, 함석헌은 머리를 깎았다. 그리고 수염을 잘랐다. 전쟁 직전 남쪽으로 내려온 뒤로 한 번도 깎지 않던 수염이었다. 그리고 눈물을 흘리며 이렇게 써 내려갔다.

"나는 하나님의 손가락에 찔렸습니다…… 나는 이것을 쓰는 손가락이 자꾸만 보여서 견딜 수 없습니다…… 첨에는 그 손가락이 고사리 같다가 차차 커져서 낫자루만 하다가, 서까래만 하다가, 보짱만 하다가, 나중엔 앞이 캄캄합니다. 가슴속에 쇠꼬치로 긁는 것 같습니다……."

그리고 그는 그 비참한 죽음의 책임을 아이들의 아버지가 아닌, 부패한 독재자 박정희에게 물었다. 그리고 한 하늘을 이고 살아가며 비빌 언덕이 되어 주지 못한 비정한 이웃들인 우리들 자신에게 물었다. 몸 누일 움막집과 밥

한 술 뜰 숟가락마저 팔아 버린 막다른 길에서, 아버지는 울면서 식빵에 독을 바르고 제 목을 맸다. 그렇다면 독을 바르고 목맬 줄을 묶은 그 손은 그 자신의 손이 아니라 박정희를 비롯한 우리들 모두의 손이라는 것이 그의 생각이었다.

그리고 곧 《사상계》와 《조선일보》에 '삼천만 국민에게 보내는 글'을 써서 호소했다. 우리 죽어도 같이 죽고, 살아도 같이 살자. 더 이상 한 사람의 죽음에 눈감지 말고, 저 혼자 살겠노라고 숨어들지 말고, 제발 같이 살고 같이 죽자는 외침이었다. 그리고 그는 곧장 '같이 살기 운동'을 펴 나가기 시작했다.

김교신과 함께 한국 무교회주의 신앙 운동의 개척자였으며 김일성, 이승만, 박정희, 그리고 전두환과 노태우에 이르기까지 민중을 억압한 모든 압제자들에 맞서 저항했던 '한국의 간디' 함석헌. 평생 이웃의 기쁨과 고통을 자신의 기쁨과 고통으로 느끼며 더불어 살고자 노력했던 그의 삶은 자연히 장기려의 삶으로 이어져 닿았다.

김교신, 함석헌, 그리고 장기려는 모두 평안북도 용천 출신이었다. 그런 인연으로 장기려와 함석헌은 용천 시절

김교신의 집에서 가진 성경 읽기 모임에서 처음 만나게 되었다. 그리고 장기려는 김교신이 펴내던 《성서조선》을 구독했다는 죄로 일제 말기에 열흘 남짓 경찰서에 붙들려 있기도 했다.

그때 교회는 점점 부패해 가고 있었다. 하나님의 뜻을 따르기보다는 권력을 가진 사람에게 잘 보이려는 쪽으로 기울어 있었다. 김교신과 함석헌이 이끌던 '무교회주의'란, 교회라는 껍데기가 중요한 것이 아니라 하나님의 참뜻이 더 중요하다는 믿음이었다. 말하자면 그것은 잘못된 길을 가는 종교계를 강하게 비판하는 목소리였다. 그런 까닭에 무교회주의는 기성 교단으로부터 거센 반발을 사기도 했다. 누구보다 거침없는 비판을 계속해 온 함석헌에 대해서는 기독교인으로조차 인정하지 않으려 들었다.

장기려는 기독교의 많은 교파 가운데서도 가장 보수적이라는 고신파 교회의 장로였지만 함석헌과 속 깊은 교제를 계속해 나갔다. 그래서 평양 산정현 교회 시절이나 뒷날 부산모임을 이끌 때도 가끔 함석헌을 모셔다가 강연을 열기도 했던 것이다.

함석헌이라는 사람에 대해 안 좋은 감정을 가진 후배

의사나 고신파 교인들은 왜 함석헌 같은 사람을 가까이하는지 문곤 했다. 그러면 장기려는 이렇게 답했다.

"나도 함석헌 선생에게 진심으로 하나님을 믿느냐고 두 번이나 물은 적이 있는데, 두 번 모두 그렇다고 답하셨습니다. 하나님을 믿고 그분 뜻대로 사는데, 교파가 무슨 상관이고 형식이 무슨 장애가 되겠습니까? 항상 하나님의 뜻을 찾고 실천하는 그런 자세가 정말 하나님을 믿는 것입니다."

반대로 함석헌도 제자들에게, 왜 그런 보수적인 교단 사람과 친하게 지내느냐는 질문을 종종 받았다. 오직 교회 안에서 하는 신앙 생활에만 충실할 뿐, 하나님의 뜻을 가로막는 사회 모순에 대해서는 아무런 말도 하지 않는 사람과 교류하는 선생의 모습을 이해하기 어렵다는 뜻이었다. 그럴 때면 함석헌은 또 이렇게 답했다.

"글쎄, 나도 그런 생각을 하네. 장기려처럼 단순하게 하나님을 믿는 것도 믿는 것일까? 그런데 사실 하나님은 그렇게 단순하게 믿어야 하네. 제 욕심대로 하나님 뜻을 이리저리 둘러붙여선 안 되지. 보게, 장기려가 어디 돈이 있고 능력이 있어서 저런 큰일을 하는가. 오로지 그가 아무

욕심 없이, 그저 단순하게 하나님 뜻대로 살기 때문이지."

세상 사람들 눈에는 두 사람의 관계가 과격한 사회 개혁가와 유순한 자선가의 어울리지 않는 만남으로 보일지 몰랐다. 그러나 그들은 하나님의 뜻을 따라 단순하게, 욕심 없이, 이웃을 구함으로써 자신을 구하고자 했던 마음의 동반자였다.

21. 간호학교

"선생님, 저 공부 그만두고 집으로 가겠습니다."

1968년 가을 어느 날 아침이었다. 수업 준비로 바쁜 간호학교 교무과장 강명미 선생은 불쑥 찾아와 던지는 학생의 말에 바싹 긴장했다. 밤사이 입원실 숙직 보조 근무를 하고 돌아온 학생이었다. 눈은 벌겋게 부어 있었다. 무슨 일이 있었던 게 분명했다. 강 선생이 걱정스레 물었다.

"무슨 일 있었니?"

그러나 주섬주섬 늘어놓는 학생의 말에 강명미 선생은 곧 맥이 풀렸다. 학생의 이야기는 대략 이랬다.

지난 밤 복음병원 입원실에서 환자들이 불편한 곳은 없는지 돌아보고 있는데, 어떤 환자의 곁을 지키던 할머니가 혼잣말을 하듯 중얼거렸다.

"쯧쯧, 멀쩡하게 생긴 처녀가 왜 이런 일을 하고 있담."

하인이 시중들 듯 밤잠 설쳐 가며 남의 침상이나 만지고 약이나 챙기며 애쓰는 모습이 안쓰러운 모양이었다. 학생은 그 말을 듣고는 못 참을 만큼 서러워져서 당직실에서 내내 울었다고 했다. 내가 도대체 왜 이런 고생을 해야 하는지, 혹 어머니가 이런 모습을 보면 얼마나 애달파하실지 서글펐다며 울먹였다.

강명미 선생은 엄한 목소리로 잘라 말했다.

"잘 생각했다. 잘 가거라."

"예? 선생님……."

학생은 오히려 당황했다. 사실, 정말 떠나겠다는 결심을 했다기보다는 울컥 쓰린 마음에 어리광이나 부리고 위로나 받고 싶었던 것이었다.

"그 할머니가 그런 말씀을 하시면, '할머니, 제가 할머니 자제를 위해서, 또 다른 환자들을 위해서 이렇게 잠도 못 자고 열심히 일하고 있는데 어떻게 그런 말씀을 하실 수 있어요' 하고 따져 물어야 했다. 그런데 오히려 네 신세가 불쌍하다고 밤새 울었다면, 이제라도 그만두는 게 훨씬 나아. 그 정도를 가지고 상심하고 울고 할 정도면, 앞으로 간호사가 돼서 겪게 될 일들은 상상도 하기 싫다. 잘 생각했어. 오늘 떠나거라."

학생 눈에 눈물이 홍건해졌다. 그러고는 울음을 터뜨리며 잘못을 빌기 시작했다. 어느새 강 선생의 한쪽 손이 학생의 어깨를 감싸 두드리고 있었다. 그리고 다른 한 손으로는 흐르는 눈물을 훔쳐 내 닦아 주었다.

환자를 치료하는 데 의사보다 더 큰 몫을 하는 것이 간호사다. 그러나 그때만 해도 자라면 시집이나 가서 남편과 자식 뒷바라지를 하는 것이 여성이 할 일이라고 여기던 시절이었다. 그래서 여자들이란 밥하고 빨래하는 법이나 배우면 그만이지, 학교조차 보낼 필요가 없다고 대부분 생각하고 있었다. 그리고 다른 한편으로 간호사는 남자들이 할 일이 못 된다고 생각하기도 했다. 의사의 지시대로 궂은일이나 하면 되는 사람으로 알았기 때문에, 반드시 여자들이 해야 한다고 생각한 것이다.

그런 까닭에 학교에서는 공부를 해야 하고, 병원에서는

밤낮없이 환자를 돌봐야 하는 간호사를 지망하는 여성이 늘 부족한 것은 어쩌면 자연스러운 현상이었다. 더구나 돈벌이마저 어려운 복음병원에 간호사가 부족한 것은 더 더욱 당연했다. 장기려는 고심 끝에 간호학교를 세워 직접 심지 굳은 간호사를 길러 내기로 마음을 먹었다.

마침 일은 쉽게 풀릴 것 같았다. 그때 보건사회부 장관은 장기려가 피난 내려와 근무했던 부산 육군병원장이었던 정희섭이었다. 그 역시 평양의전 출신 의사였으므로 간호사를 체계적으로 길러 낼 필요가 있다는 것을 잘 알았고, 마침 간호대학이 세워질 수 있도록 도울 준비가 되어 있었다. 그러던 중 장기려가 간호대학을 설립하겠다는 뜻을 밝히자 두말없이 인가가 떨어졌다. 심지어 장기려가 20명 정원으로 3년제 전문학교 설립을 신청하자 한 술 더 떠서 신입생을 40명씩 뽑기를 권했을 만큼 장관의 믿음과 지원은 든든했다.

첫해 간호학교는 고려신학교 한켠에 마련된 방 한 칸에서 시작되었다. 정희섭 장관도 장기려라는 사람을 믿고 인가를 내준 것이었고, 장기려가 돈이니 시설이니 하는 문제를 따져 가며 일을 벌이는 사람도 아니었다.

강의실과 교무실이 채 나뉘지 못한 공간이었다. 냉정하게 말하면 누가 봐도 부실하기 짝이 없는 개교였다. 장기려의 뒤를 이어 1976년부터 2대 복음병원장을 맡았던 제자 박영훈은 이런 일을 겪기도 했다.

"일전에 미국에 갔을 때였어요. 그곳 병원에서 어떤 간호사를 만났는데, 반갑게도 우리 간호학교 1회 졸업생이라고 자기를 소개하더군요. 그런데 그 사람 얘기가 이렇습디다. 간호사가 되려고 서울에서 부산까지 내려와 우리 간호학교에 입학을 했는데, 막상 학교를 보니까 이건 뭐 건물이 번듯하게 있는 것도 아니고 달랑 허름한 교실 하나밖에 없더라는 거죠. 너무 황당하고 분해서 그냥 올라가려고 하는데, 장 박사님께서 말씀하시더랍니다. 간호사에게 중요한 것은 마음이고 믿음이지 건물이 아니지 않느냐고 말이지요. 결국 그 말씀에 감동이 되어서는 마음을 바꿔 학교를 다니고 졸업까지 했다고 그러더군요."

그야말로 무작정 시작한 학교였다. 장기려가 학장을 맡았고, 부산의대에서 가르친 제자들이 와서 의학을 강의했다. 그리고 함석헌 선생의 제자였던 채규철 같은 청년 지식인을 통해 이웃과 함께하는 삶의 의미도 나누었다. 단순히 의술만이 아니라 사랑으로써 환자를 돌보는 간호사를 길러 내고 싶었기 때문이다.

이 모든 과정은 간호사 강명미 선생이 맡아 관리했다. 강명미는 간호학교의 초대 교무 과장이자 유일한 교직원이었다. 그는 시설과 혜택이 아닌 마음과 신앙으로 학생들을 단련시켜 나간, 장기려의 또 다른 분신이었다. 강명미는 이렇게 말했다.

"그때……, 참 어려운 형편이었지만 다들 열심히 했어요. 열의도 대단했고. 아무것도 없었지만 매일 아침 수업이 시작되기 30분 전에 예배를 드리고 공부를 시작하곤 했지요. 공부도 아주 엄격하게 시켰어요. 특히 장 박사님이 해부 생리학을 강의하셨는데, 의과대학 수준으로 가르치시니까 학생들이 굉장히 어려워했어요. 그리고 시험을 쳐서 성적이 모자라면 계속 재시험을 치게 했습니다. 그런데 첫해에 간호조무사를 하다가 간호사 공부를 시작한 학생들도 있고 해서 학생들 나이가 좀 많은 편이었어요. 그래서 다시 시작하는 공부가 쉽지 않은 학생들이 꽤 많았죠. 그래서 그랬는지, 시험 때마다 부정행위를 하는 학생들이 생겼는데, 저는 그게 도저히 용납이 되지를 않더군요. 매일 아침 예배를 드리면서 공부를 시작하는 사람들이 어떻게 남이 노력한 것을 그렇게 도둑질할 수가 있을까 싶었습니다. 그래서 너무 상심이 되어 고민했는데, 너무 심해지는 것 같아 결국에는 장 박사님께 말씀을 드렸어요. 그랬더니 앞으로는 재시험을 치지 말자고 하시더군요. 그럼 공부가 덜 된 학생들은 어떻게 하느냐고 여쭈었더니, '재시험을 쳐서 고생시키는 게 목적이 아니라 틀린 것을 알게 하는 것이 목적이니까 그걸 잘 알도록 도와주는 데 신경을 쓰자' 하시더군요. 그 뒤로 장 박사님은 학생들 시험지를 채점하면서 틀린 것에도 가위표를 긋지 않고 하나하나 꼼꼼하게 다시 정답을 풀어서 적어 주셨어요. 제가 그 모습을 보면서 참 놀랐죠. 그런 장 박사님 태도에 자극이 되었는지, 첫회 졸업생들은 무사히 공부하고 졸업까지 하게 되었습니다."

장기려는 간호학교 학생들에게 더 많은 정을 쏟았다.

"기숙사에서 교실로 나오고, 교실에서 기숙사로 들어갈 때는 그냥 가서는 안 된다. 항상 도서실을 거치도록 해라. 수업 받기 전에는 예습하고, 잠자기 전에는 반드시 복습을 해야 한다. 절대 잊으면 안 된다."

마치 친딸을 가르치는 아버지처럼, 귀에 못이 박히도록 새겨 넣곤 했다. 때로는 똑같은 말을 수백 번쯤 하고도 부족했는지, 학생들에게 일일이 엽서에 써서 나누어 주기도 했다.

22. 청십자의료보험조합

장기려는 뜻이 맞는 이들과 작은 모임 꾸리기를 즐겼다. 대부분은 성경을 같이 읽고 뜻을 나누는 모임이었다. 고향인 평안도 용천에서는 김교신, 함석헌과 성경 공부 모임을 했고, 경성의전에 다니던 시절에는 기독학생회라는 동아리를 이끌기도 했다.

1956년, 복음병원이 자리를 잡아 가고 부산대학에 연구실도 생기면서 장기려는 조금 여유가 생겨 다시 후배 의사들을 모아 성경 공부 모임을 시작했다. 이름은 그냥 '부산모임'이라고 붙였다. 처음에는 의사들이 전부였지만, 점점 다양한 사람들이 모여들었다. 모임이 점점 커지는 바람에 널찍한 강당을 빌려야 하기도 했다.

부산모임에서는 성경 공부만 한 것이 아니라 하나님의 뜻을 이 세상에 실천하기 위한 방법도 의논했다. 그래서 평생의 벗이자 스승으로 여겼던 함석헌의 강연을 듣기도 했고, 그날이면 어김없이 사회 현실에 대해 열띤 토론이 벌어지기도 했다. 훗날 이 모임이 박정희 정권에게 감시를 당하고, 이 모임의 기록을 모아 펴내던 소식지 《부산모임》이 번번이 검열을 받았던 것도 바로 그 때문이었다. 그런 힘든 사정 속에서도 부산모임은 1988년에 스스로 해산할 때까지 무려 서른두 해나 이어졌다.

함석헌을 따르던 청년 지식인들도 부산모임에 참석하는 사람이 많았다. 덴마크 유학을 마치고 돌아와 농촌을 살릴 길을 고민하던 풀무학교 교사 채규철도 그 가운데 한 사람이었다.

1968년 4월 어느 날, 몇 사람이 모임을 마치고 차를 마시며 이야기를 나누고 있었다. 장기려는 끝없이 밀려드는 환자들에게 충분히 치료를 해 주지 못하는 의사로서, 그리고 그들에게 청구서를 내밀어야 하는 병원장으로서 무력감을 이야기하고 있었다. 그때 갑자기 떠올랐다는 듯, 채규철이 말을 꺼냈다.

"제가 덴마크에 있을 때, 한번은 지독한 감기 몸살이 나서 아주 고생을 한 적이 있었습니다. 남의 나라에서 병이 나니까 더 난감하더군요. 돈도 없고, 아는 사람도 없고. 그래서 혼자 끙끙 앓다가 도저히 견딜 수가 없게 돼서 병원에 며칠 입원했는데, 병원 입원실에 누워서도 병원비 걱정 때문에 마음이 영 편치 않더군요. 결국 퇴원날이 돼서 잔뜩 긴장을 해 가지고, '치료비가 많이 나오면 돈이 없으니 봐달라고 싹싹 비는 수밖에 없겠구나' 하고 속으로 생각하면서 치료비가 얼마냐고 물었죠. 그런데 그 병원 직원이 하는 말이, 돈을 낼 필요가 없으니 그냥 가라는 거예요. 그래서 그게 무슨 소리냐고 물었더니, 덴마크는 평소에 사람들이 돈을 벌 때마다 세금으로 따로 떼어서 의료비를 비축해 놓았다가 누구든지 아프면 병원에 가서 무료로 치료를 받을 수 있도록 해 놓았다는 겁니다."

듣고 보니 장기려도 비슷한 경험이 있었다. 북한 공산당 정부는 노동자, 농민, 교직원을 비롯한 공무원들을 의무적으로 의료보험에 가입하도록 하고 있었다. 그리고 다달이 얼마를 걷어 두었다가 병이 나면 무료로 치료해 주는 제도를 일찍부터 시행하고 있었다. 장기려도 김일성대학 강좌장으로 있던 시절 그 제도를 겪어 보았다. 물론 불만 있는 사람도 없지 않았다. 많은 사람에게 혜택이 돌아갔지만, 아픈 곳도 없는데 강제로 얼마씩 돈을 빼 가는 것이 억울하게 느껴졌기 때문이다.

채규철이 다시 말을 이었다.

"돈 없는 환자라고 해서 무료로 치료해 주는 것에도 한계가 있습니다. 아무리 노력한다고 해도 약이든 입원실이든 무한정 제공해 줄 수는 없을 테니 결국에는 실패하고 말겠지요. 그러니까 차라리 조합원을 모아서 평소에 조금씩만 조합비를 넣게 하고 그 돈으로 병이 났을 때 무료로 치료를 받을 수 있도록 하면 좋지 않겠느냐는 겁니다."

그는 워낙에 좋은 생각이 번득이는 사람이었다. 계획을 세우고, 사람을 모아 일을 만드는 것도 그의 특기였다. 게다가 좋은 일이라면 앞뒤를 가리지 않는 장기려의 시원한 성격이 그 자리에서 일을 만들었다.

"그것 아주 좋은 생각입니다. 듣고 보니 제가 북에 있을 때도 비슷한 일을 겪은 경험이 있어요. 다만 그때처럼 정부가 강제로 시키는 것이 아니라 사람들이 스스로 해 나간다면 더 좋은 일이 될 것 같기도 하군요. 어떻습니까?"

김서민, 조광제를 비롯한 그 자리를 함께한 이들이 모두 밝게 동의했다. 장기려는 그 자리에서 민간 의료조합의 출범을 선언했다.

채규철과 김서민은 곧장 외국에서 시행했던 성공적인 민간 의료보험 조합 사례를 찾아보기 시작했다. 그 가운데 대공황으로 힘들어하던 실업자들을 위해 미국에서 시행한 민간 의료조합 운동인 '청십자조합'에 관한 내용이 눈에 띄었다. 그들은 그것을 본따 '청십자의료보험조합'으로 이름을 정했다.

장기려와 채규철, 김서민과 조광제는 각자 조합 구성과 회원 모집을 위해 바쁘게 움직였다. 장기려는 복음병원 직원들을 설득했고, 다른 이들은 교회와 학교를 돌며 조합 설립의 뜻을 알렸다.

이번에도 큰 힘이 된 것은, 장기려라는 이름을 믿고 있던 교회였다. 부산 시내 23개 교회가 찬성한다는 뜻을 전해 왔고, 복음병원 식구들은 물론 많은 교인들이 발기인이 되어 주었다. S01001 함석헌. B06001 장기려. 이렇게 두 선생을 시작으로 가입 원서가 작성되었다.

마침내 1968년 5월 13일, 중앙동에 있던 남교회에서 모두 723명 조합원의 이름으로 청십자의료보험조합의 창립 총회가 이루어졌다. 우리나라에서 의료 구제 운동과 의료보험 역사의 큼직한 획이 그어지는 순간이었다.

23. 아름다운 희생

'건강할 때 이웃 돕고, 병났을 때 도움 받자'

이것이 청십자조합의 슬로건이었다. 조합비는 월 60원으로 결정되었다. 그해 자장면 한 그릇 값이 50원, 서울 시내버스 요금은 15원이었다. 한 달에 자장면 한 그릇 값만 내면 한 가족이 언제든지, 또 절반으로 준 값에 치료를 받을 수 있도록 한 셈이다. 턱없이 낮은 조합비에 높은 할인율이었다. 가능하다면 무료로 진료하고 싶은 장기려로서는 얼마든 모이는 조합비가 감사할 뿐이었지만, 그러나 처음부터 무리한 계산이었다.

문제는 머지않아 터졌다. 조합의 첫 환자가 얄궂게도 복음병원의 의사와 서무과 직원이었다. 이질에 걸린 두 사람을 조합비로 치료하고 보니, 치료비로만 모두 4만 2

천 원이 들고 말았다. 초대 회원 700여 명이 60원씩 모은 첫 조합비 4만 2천 원 전액이었다. 말하자면 더 많은 혜택을 드리겠다며 회원을 모집해 회비를 받아 놓고는 제 식구들 치료비로 다 써 버린 셈이 되었다.

장기려는 고민 끝에 복음병원 직원들을 모아 놓고 어렵게 입을 열었다.

"제가 여러분에게 참 어려운 말씀을 드려야겠습니다. 여러분도 잘 아시다시피……, 어차피 무료 진료 활동을 하자고 만들어진 것이 우리 병원입니다. 그리고 여러 가지 형편상 계속할 수는 없었지만, 지금이라도 가능하기만 하다면 환자들에게 돈을 받고 싶지 않은 것이 우리 모두의 마음일 것입니다. 그런데 다행히 청십자의료보험조합이 만들어진 뒤로 많은 분들이 부담을 나누어 져 주시기에, 애초의 마음으로 돌아가 돈 걱정 없이 환자들을 마음껏 돌볼 수 있게 되어 얼마나 다행인지 모른다고 생각하고 있습니다. 그런데 아직은 회원 수도 너무 적고, 또 여러모로 자리가 잡히지 않아 어려움이 많습니다. 그래서 말씀인데……, 여러분께 제가 참 어려운 제안을 드려야겠습니다. 여러분 모두가 조합의 첫 회원이 되어 주신 것만도 충분히 대단하고 훌륭하신 일입니다만, 우리보다 더 어렵고 불쌍한 사람들을 위해서 조금만 더 희생을 해 주셨으면 합니다. 참 죄송한 말씀입니다만, 조합이 어느 정도 자리를 잡을 때까지만 좀 더 도와주셨으면 합니다."

 말을 하는 장기려의 입술이 중간 중간 떨리고 있었다. 하지만 걱정했던 것과는 달리 직원들은 흔쾌히 동의했다. 아니, 부끄러운 마음으로 고개를 숙였다. 그리고 복음병원 식구들은 청십자조합이 적자를 면할 때까지 회비는 내되 혜택은 받지 않는 회원이 되기로 마음을 모았다. 혜택은 없이 부담만 지는 회원이 된다는 것은 한 사람의 생활인으로서 충분히 황당하고 불만스런 일일 수 있었다. 그러나 그들은 그 뒤로 무려 5년 가까이 그런 말도 안 되는 회원 노릇을 묵묵히 맡아 주었다.

 이렇듯 초기 회원들은 대부분 비슷한 처지였다. 혜택은커녕 적지 않은 부담만 안겨 준 셈이었다. 병원에 갈 일이 생기더라도, 조합에 부담을 지우기 싫어 조금도 상관이 없는 병원으로 가 몰래 치료를 받는 일이 숱했다. 그러나 그런 아름다운 마음들이 모여 청십자조합의 귀중한 밑거름이 되었다. 그 결과 첫해에만 회원 수가 1천 명을 넘어

섰고, 처음에는 혀를 끌끌 차며 팔짱만 끼고 있던 사람들도 조금씩 진지한 눈으로 지켜보기 시작했다.

상황이 이렇다 보니 조합에 날마다 나와 일하는 직원들의 수고는 더 말할 것도 없었다. 함석헌 선생을 통해 부산 모임에서 장기려를 만났고, 그 뒤 청십자조합 창설을 이끌며 초대 사무국장으로 일했던 김서민 선생은 이렇게 말했다.

"요즘처럼 인터넷 뱅킹이라든가, 그런 게 있던 시절도 아니니까 직원 한 사람이 몇십 가구씩을 맡아서 다달이 방문해 회비 수금도 하고, 또 조합원들 사는 모습도 보고 상담도 하고 하면서 관계를 쌓아 나갔습니다. 그런데 그 몇십 가구가 요즘 아파트처럼 한 군데 몰려 있는 것도 아니고 산동네 이 끝, 저 끝에 떨어져 있었어요. 그래서 한 바퀴씩 돌아오고 나면 금방 신발 밑창이 닳아 버립니다. 그렇지만 오히려 요즘처럼 자동 이체를 하거나, 온라인으로 처리하거나, 전화로만 해결하거나 했으면 그런 조합이 유지될 수는 없었을 거예요. 그렇게 신발 밑창이 너덜너덜해지도록 발로 뛰며 만나고 쌓았던 인간적인 관계가 우리 조합을 이어지게 했다고 봅니다."

장기려 역시 걱정이 많았다. 어떤 때는 늘기만 하는 적자와 부담 때문에 괜한 일을 시작한 게 아닐까 싶기도 했다. 그러나 어떻게든 해 보려고 이리 뛰고 저리 뛰는 사람들을 보면서 희망을 가졌다. 그리고 조합이 아니었으면 큰 어려움을 겪었을 환자들이 건강하게 병원 문을 나서는 모습을 보면서 용기를 얻었다. 조합의 첫해는 그렇게 작은 혼돈과 큰 희망, 그러나 그에 못지않게 쌓여 가는 적자 속에서 흘러갔다.

어렵기만 하던 조합에 작은 숨통이나마 트인 것은 창립 이듬해인 1969년이었다. 그해 봄, 또 하나의 민간 의료보험조합이 청십자조합과 합쳐지는 바람에 회원 수가 갑작스레 늘어났다. 그에 따라 회비도 크게 늘어 적잖은 도움이 되었다.

우리나라의 의료보험조합 활동이 청십자조합으로 처음 시작된 것은 아니었다. 몇몇 대기업이 직원 복지 정책의 하나로 자체 의료보험조합을 만든 적이 있었고, 또 해외 원조 기관의 도움을 받아 청십자조합과 비슷한 조합을 운영하는 경우도 가끔 있었다. 그 가운데 부산에서 가장 탄탄

한 조직을 가진 것으로 '스웨덴아동보호재단(SSCF)'이라는 것이 있었는데, 회원이 무려 1만 3천 명에 이르고 있었다.

그 재단의 사회복지부장으로 있던 김영환도 장기려와 같은 고민을 하고 있었다. 스웨덴에서 다달이 1만 원씩 들어오는 보조금에 기대고는 있었지만, 언제까지 원조가 이어질지 조금도 가늠할 수 없기 때문이었다. 어떻게 해서든, 그리고 최대한 빨리 스스로 살아갈 힘을 가져야만 했다.

그에 비하면 청십자조합은 정반대였다. 규모도 작고 회원 수도 얼마 되지 않았지만, 청십자조합에는 복음병원이라는 자체 의료 기관이 있었다. 그런데다가 자립할 수 있도록 어느 정도 준비도 해 오던 터였다. 따라서 두 조합이 힘을 합친다면 여러 면에서 좋은 효과가 있을 것 같았다.

김영환은 머뭇거리지 않고 장기려에게 생각을 밝혔다. 그리고 1969년 3월, 두 조합은 마침내 하나가 되었다. 이로써 청십자조합은 한꺼번에 1만 4천여 명이나 되는 회원을 얻게 되었다. 그리고 회비도 한 달에 80여만 원씩 걷히면서 이래저래 숨통이 트이는 것 같았다.

규모가 한꺼번에 커지자 조합 식구들은 괜히 가슴이 설레었다. 이제 잘만 이끌어 가면 별 문제가 없을 것 같았다. 그러나 가만히 따져 보니 오히려 골칫거리만 커진 셈이기도 했다. 환자 수가 늘고 그만큼 의료비 지출이 늘어나면서 적자폭도 그만큼 커졌기 때문이었다. 1971년에만 1백만 원, 1973년에는 3백만 원이나 적자가 났다.

그런 까닭에 연말이 다가오면 김서민 사무국장은 복음병원을 비롯한 지정 의료 기관들을 돌아다니며 아쉬운 말을 꺼내야만 했다. 각 병원에서 보험 할인을 해 주었던 액수 가운데 상당 부분은 조합비로 채우는 것이 불가능하니, 미안하지만 병원에서 그 손실을 감당해 달라는 부탁이었다. 반가운 소식일 리 없었지만, 그래도 병원들 대부분이 길게 따지지 않고 받아들였다. 청십자조합은 그렇게 보이지 않는 이들의 헌신과 희생을 통해 움직일 수 있었다.

조합이 재정적으로 안정을 찾을 수 있었던 것은, 국가 기관이 움직이기 시작하고부터였다. 가망 없어 보이는 일에 7년 동안이나 매달렸던 청십자조합의 노력이, 결국 국가로 하여금 더 이상 팔짱을 끼고 있을 수만은 없도록 만든 것이었다.

1974년, 보건사회부는 청십자조합을 정식 의료보험조합으로 인정해 주었다. 그리고 1975년에 부산시는 5천 명이나 되는 회원을 한꺼번에 가입시켜 주는 동시에 조합비의 일정액을 지원해 주기로 약속했다. 그 뒤로는 회원들이 다달이 280원씩 회비를 내고, 정부가 각 세대마다 177원을 보조하는 모양으로 유지되었다.

이는 결코 적은 액수가 아니었다. 복음병원을 비롯해 결국 회원과 직원들이 감당해야 할 적자의 상당액을 국가가 메워 주겠다는 뜻이었다. 그해 청십자조합은 설립된 뒤 처음으로 5백만 원이나 되는 흑자를 기록할 수 있었다.

24. 청십자병원

장기려는 '장바보'란 소리를 들을 만큼 자기 것을 챙기는 데 둔한 사람이었다. 그렇다고 고집이 아주 없는 사람도 아니었다. 자유당 말기, 부산의대 교수로 있을 때는 이런 일도 있었다.

그때 부산대학 총장은 교수들의 투표로 뽑게 되어 있긴 했지만, 사실은 정부에서 미리 정해 둔 사람을 통과시키는 의례에 불과했다. 더구나 국립대학인 부산대학에서 정부의 요구를 거부할 수 있는 사람은 거의 없었다.

장기려가 재직하던 어느 해, 부산대학교는 총장 선거를 치러야 했고, 평소에 정권에게 눈도장을 받은 어느 교수가 단일 후보로 나왔다. 후보로서 정부의 낙점을 받아 놓았기 때문에 사실상 총장이 된 것이나 다름이 없었다. 그러나 장기려는 혼자 나서서 반대 의사를 분명히 했다. 그리고 그를 걱정해 말리는 사람들에게 이렇게 말했다.

"내가 처자식까지 버리고 자유 진영이라는 남쪽으로 와서 내 마음대로 투표도 못 한다는 게 말이 되는가?"

아무도 그 고집을 꺾지 못했다. 그렇다고 총장의 당락에 영향이 있을 것도 아니었지만, 왠지 그냥 넘어갈 것 같지도 않았다. 장기려는 오히려 몇 해 지나 서울대학에 근무할 즈음, 부산대학 시절의 제자였던 민영옥 박사에게 흠칫 놀랄 만한 이야기를 전해 들었다.

"선생님, 제가 어디를 통해서 들었는데요, 한번 큰일을 당하실 뻔했던 모양입니다. 전에 부산대학에 계실 때 총장 선거에서 반대표를 던진 적 있으시죠? 그때 기관에서 그걸 빌미로 선생님을 조사한 모양인데, 북에 계실 때 김일성대학에 계셨던 일, 김일성한테서 상 받은 일들을 엮

어서 거의 간첩을 만들었답니다. 그래서 막 잡아넣으려고 했는데, 마침 그때 선생님이 치료하신 효성그룹 조홍제 회장이 기부한 돈 백만 환을 모두 의료 기계를 사서 병원에 기부하시는 일이 알려지면서 흐지부지되었다는 겁니다. 그런 사람을 간첩이라고 몰기도 좀 억지스럽고 했을 테니까 말이죠."

장기려는 순간 부산 육군병원 시절에 잡혀가 다짜고짜 따귀를 맞았던 지하 취조실이 떠올랐다. 이처럼 모두들 자유 대한이라고 하는 남쪽 땅에서도 최소한 장기려만큼은 자유롭지 못했다. 그는 언제든 간첩으로 몰릴 수 있는 사람이었다.

이런 장기려의 고집이 다시 한번 발동한 것은 1975년 무렵이었다.

장기려는 복음병원의 상징적인 인물이긴 했지만, 환자를 진료하는 것 말고는 관여할 수 있는 일이 거의 없었다. 병원 운영은 교단에서 나온 관리자들이 맡아 했고, 원장인 장기려는 도장까지 그들에게 맡겨 놓고 있었다. 돈과 관련된 일에 대해서는 알고 싶지도 않았고, 안다고 해도 관리할 능력도 없었다. 그래서 어떤 이는 원장으로서 권한은 별로 없으면서 늘 책임만 진다며 걱정이 많았다.

그러던 중 일이 생겼다. 교단에서 나온 이사장이 정해진 임기를 마치고 교체되어야 하는 상황이었다. 그런데 어쩐 일인지 이사장은 물러날 생각이 없어 보였다. 중요한 시기이고, 아직 해야 할 일이 많다는 것이 이유라고 했다. 그러나 장기려는 이를 거부했다. 이유야 어쨌건 정해진 규칙은 지켜야 한다고 그는 생각했다.

"좋은 뜻이라는 것을 알겠습니다만, 그래도 정해 놓은 규정을 무시할 수는 없는 일입니다. 물러나셔야 합니다."

무슨 일이든 찬성하고 따를 줄로만 알았던 장기려가 반대하고 나서자 이사장 처지에서는 난감할 수밖에 없었다. 실권이야 있건 없건, 장기려 원장은 복음병원의 얼굴이기 때문이었다. 만일 장기려가 반대하는데도 임기를 늘리려 한다면, 병원 안팎에서 손가락질을 받을 게 분명했다. 결국 이사장이 짜낸 생각이라는 것이 장기려를 강제로 퇴직시키는 것이었다.

마침 장기려의 나이가 예순다섯이었다. 복음병원장에 관해 정년퇴직 연한이 정해진 바는 없었지만, 사회의 일반 기준에 비추어 밖에서 보기에는 정년이라고 할 수도 있었다. 이 점을 이용해 이사장은 장기려의 정년퇴임식을 억지로 밀어붙였다.

사람들은 이사장의 행동에 분노했다. 그리고 절대 정년퇴직을 해서는 안 된다며 흥분했다. 돌아가는 분위기가 심상치 않았다. 자칫 복음병원은 이사장과 원장의 두 편으로 나뉘어 싸움이라도 벌어질 상황이었다.

장기려는 차라리 두려웠다. 더 이상 문제 제기를 한다면 이사장 개인이 아닌 복음병원에 큰 상처를 주게 될 것만 같았다. 예전에도 그랬고 지금도 마찬가지였다. 이렇듯 장기려라는 사람은 사람을 상대로는 싸울 줄을 모르는 사람이었다. 결국 그는, 이제 편히 쉬라는 뜻으로 알고 고맙게 받아들이겠다고 말한 뒤 순순히 물러나기로 마음먹었다.

정작 정년퇴임이 결정된 날 밤, 장기려는 잠을 이루지 못하고 이리저리 뒤척였다.

"동길이, 자느냐?"

"아닙니다."

그때 관사에서는 마취 기사 손동길이 함께 먹고 자며 시중을 들고 있었다. 손동길은, 큰아버지 손양원 목사(자식을 죽인 살인범을 양자로 삼은 목사의 삶을 다룬 《사랑의 원자탄》이라는 영화의 실제 주인공으로 유명했던 분)를 통해 장기려를 알게 된 뒤 평생을 따랐던 사람이다. 그래서 사람들은 그를 '장기려의 막내아들'이라고 하기도 했다.

손동길은 그때 일을 이렇게 되돌아보았다.

"선생님이 밤중에 문득, '잠이 오느냐?' 하시더군요. 그래서 제가 아직 아니라고 대답하고는 문득 생각해 보니, 나만 분한 게 아니라, 선생님도 분해서 잠을 못 이루시는구나 싶었습니다. 그런데 갑자기 벌떡 일어나 앉으시더니, '얘, 돈 좀 가진 것 있니?' 하고 물으시더군요. 그때 선생님 돈도 제가 다 관리하고 있었거든요. 그래서 '왜 그러십니까. 돈은 있습니다. 어디 쓰시게요?' 했더니, 이런 말씀을 하시더군요. '청십자조합을 만들어서 사람들을 수만 명이나 가입시켜 놓고 돈 없어도 치료받을 수 있게 해 주마 했는데, 지금 내가 복음병원을 떠나게 되면 그 약속을 책임질 수가 없지 않느냐. 내가 그 걱정에 잠이 오질 않는다. 혹 돈이 좀 있으면 어디에 조그만 병원이라도 하나 냈으면 좋겠는데……' 하셨습니다. 그 말씀을 듣고 있자니 눈물이 울컥 솟더군요. 그걸 간신히 참고, '있습니다. 돈도

있고, 선생님 퇴직금도 찾으면 됩니다. 제가 병원 자리를 알아보겠습니다' 했어요. 그리고 다음 날 부산진으로 나가서 병원 자리를 찾았습니다. 그게 청십자병원이 됐죠."

장기려의 분신이었던, 아니 전부였던 복음병원이 장기려를 떠나보낸 과정은 너무 매정했다. 그런데다가 며칠 뒤 장기려의 퇴직금을 찾으러 서무과에 들렀던 손동길은 한 푼도 내줄 수 없다는 답변을 듣고 말았다. 그동안 조합원들의 치료비 때문에 생긴 적자를 메우느라 퇴직금을 모두 써 버렸다는 것이었다.

"내가 너무 부아가 나서 책상을 막 뒤집어엎었습니다. 그런데 마침 그때 선생님이 출근하시다가 소란스런 소리가 나니까 사무실로 들어오셔서 그 광경을 보고 깜짝 놀라신 거죠. 그래서 '얘, 너 왜 이러니? 도대체 왜 이래' 하고 제 팔을 잡으시길래, '선생님, 퇴직금이 한 푼도 없답니다. 청십자 보험료를 다 선생님 돈으로 메워서 한 푼도 없대요'라고 소리를 질렀어요. 그랬더니 선생님이 또 '없다면 가야지 어떡하니, 가자' 하면서 저를 뒤에서 안고는 잡아끄시더라고요. 내가 그게 또 분해서 막 몸을 흔들고 뿌리쳤는데, 그러다가 얼핏 선생님 안경 밑으로 눈물이 주욱 흐르는 걸 보았습니다. 그렇게 소리도 없이 눈물을 흘리면서 '얘, 가자. 그만 가자' 하고 잡아끄시는 거예요. 그걸 보고 제가 다리에 힘이 탁 풀려서 그냥 끌려 나왔습니다."

장기려는 그렇게 복음병원을 떠났다. 그나마 그의 수제자라고 할 수 있는 박영훈에게 원장 자리를 물려줄 수 있었던 것은 다행스러운 일이었다.

그러나 그것으로 복음병원과 관계가 완전히 끝난 것은 물론 아니었다. 장기려는 복음병원을 원망하지 않았고, 복음병원이 필요해서 부를 때면 언제라도 다시 돌아가 봉사했다. 그에게 복음병원은 이제 더 이상 부모를 필요로 하지 않는, 그렇다고 해서 걱정이 끊이지는 않는 다 자란 자식 같은 존재였다.

25. 막사이사이상

장기려도 모르게 손동길이 챙겨 두었던 얼마간의 돈에 청십자조합 식구들의 이러저러한 쌈짓돈이 모여 병원이 세워졌다. 이제 청십자조합은 또 하나의 믿음직스러운 자체 의료 기관을 가지게 된 셈이었다.

청십자병원은 내과, 외과, 소아과만으로 꾸려진 조그만 병원이었다. 그래서 오랫동안 입원해야 하는 환자들은 복음병원으로 옮겨야 했다. 그러나 장기려가 있다는 이유 하나만으로 환자들은 새벽부터 줄을 섰다.

간호학교에서 초대 교무과장으로 일하다가 결혼을 하며 떠났던 강명미 선생도 청십자병원으로 돌아와 환자들을 돌보았다.

"제가 아침부터 주사를 놓는데, 보통 백 대를 훨씬 넘게 놓았어요. 그랬더니 하루는 옆에서 보시던 유순한 선생님(유한양행의 창업주 유일한 박사의 여동생, 한국 간호계의 원로로서 장기려의 절친한 친구)이 '참 지긋지긋하게 주사를 놓는다'며 혀를 차시던 기억이 나네요."

강명미 선생에게 주사를 맞는 환자가 하루에만 백 명이 넘었을 만큼 병원은 넘쳐났다. 눈코 뜰 새 없이 바빴지만, 장기려는 청십자조합원들에게 한 약속을 지킬 수 있어서 행복하기만 했다.

청십자병원이 문을 연 1976년부터, 청십자 운동은 또다시 전환점을 맞았다. 청십자조합의 외로운 노력에 자극을 받은 정부가 드디어 의료보험 시행에 나서기 시작한 것이었다. 1977년부터는 500인이 넘는 대규모 사업장에서 직장 의료보험이 시작되었고, 1979년부터는 300인이 넘는 사업장과 공무원, 교직원이 의료보험 대상자에 포함되었다. 그 뒤 1988년에 농어촌 의료보험이 시행되고, 1989년 여름부터는 도시 지역 의료보험이 실시되어 이제 전 국민이 정부가 하는 의료보험 혜택을 받을 수 있게 됨에 따라 청십자조합은 그 역사적인 생명을 다하고 해체되었다. '모든 사람이 의료 혜택을 받을 수 있는 세상'을 꿈꾸었던 청십자조합의 목표가 마침내 이루어진 것이었다.

돌아보면 장기려는 늘 세상을 한 발 정도 앞서서 걸었다. 그리고 뒤늦게 세상이 따라오면 남은 일에 공로를 얹어서 함께 넘기고는 또 다른 길로 앞서 떠났다. 전쟁 통에 천막 병원을 차려 놓고 다친 사람을 치료하던 시절이 그랬고, 태풍에 모든 것을 빼앗긴 수재민들을 돌볼 때가 그랬다. 그리고 정부보다 십여 년 앞서 개척했던 의료보험 운동이 다시 그랬다. 모두가 국민에게 권력과 세금을 위임받은 정부가 진작 나서야 했을 일들이었다.

예산이 부족하다는 핑계로 한참 늦어 버린 정부는 그럴 때마다 뒤늦게 상을 내리며 체면치레를 하려 했다. 그러나 장기려는 보통 사람들처럼 상패를 주욱 모아 진열하기를 오히려 부끄러워했다. 심지어는 금붙이라도 박혀 있는 상패가 오면 그걸 홀랑 팔아넘겨 바꾼 돈으로 청십자조합에 집어넣기 일쑤였다.

1979년에 장기려는 막사이사이상을 받았다. '막사이사이상'은 세계대전 직후, 아시아에서 제일 앞서 나가던 필리핀의 국부(國父) 라몬 막사이사이 대통령을 기려 미국의 록펠러 재단이 제정한 상이다. 이 상은, 지금도 '아시아의 노벨상'이라고 할 정도로 그 권위를 인정받고 있다. 그러나 그 역시 장기려라는 사람에게 별다른 의미를 가지는 사건은 아니었다. 다만 국제적인 권위가 있는 상이다 보니 1만 달러나 되는 상금을 받을 수 있었고, 그것을 고스란히 털어 넣은 청십자조합의 재정 상태가 얼마간 좋아졌다는 점이 뿌듯했을 따름이었다. 오히려 필리핀 마닐라까지 날아가 거창한 시상식장에서 상을 받고 돌아오면서 했던 생각을, 장기려는 이렇게 적었다.

"그리스도께서는 인생을 살리기 위하여 모든 고초와 십

자가의 형벌까지 받으셨는데 나는 좋은 것을 먹고 입고 마시면서 또 좋은 집에 살면서 일한 것이 아닌가? 희생 없는 삶을 살면서 그리스도의 사랑을 실천한다고 생각했던 것의 잘못을 깨닫고 반성하며 회개한다. 게다가 이 상을 받고 보니 명예심 없이 일한 것이 아니라는 게 증명이 되었다고 생각되어 크게 부끄럽다."

장기려는 그 뒤로 거의 모든 상을 거부하고 시상식에도 참석하지 않았다.

26. 동베를린

1980년대 중반의 어느 날, 장기려는 유럽을 여행하고 있었다. 지병이었던 당뇨병에 뇌졸중이 겹쳐 쓰러졌다가 막 회복했을 때였다. 더구나 그 무렵에는 바쁜 일도 어느 정도 정리되어 여유가 있었다. 전 국민 의료보험 시대가 열리면서 청십자조합은 해체되었고, 복음병원에서도 명예 원장으로서 한발 물러나 있을 때였다.

이따금 학술 행사가 있거나 상을 받으러 오라 해서 외

국에 나간 적은 있었지만, 정해진 일정 없이 부담 없는 여행을 즐기는 것은 이번이 처음이었다. 십여 년 전에 김일성대학의 제자들과 복음병원 직원들이 여행비를 마련해 미국과 유럽 여행을 다녀온 적이 있긴 했다. 하지만 그때도 여행비를 한 푼이라도 아껴 병원에 보탤 생각에 형편없이 마른 빵으로만 끼니를 때운 탓에 공연히 반쪽이 된 얼굴로 돌아와 사람들의 고개를 가로젓게 만들었던 그였다.

그러나 이번 여행에는 손동길이 동행하면서 직접 먹고 자는 것을 챙기고 있었다.

"선생님, 유럽은 나라들이 다닥다닥 붙어 있고 왕래도 자유로워서 조금만 움직이면 여러 곳을 가 볼 수가 있습니다. 혹시 어디 꼭 가고 싶은 곳이라도 있으시면 말씀하세요."

"글쎄……, 내가 뭘 아나. 그냥 네가 알아서 가자."

"그래도, 혹시 평소에 TV나 책에서라도 보고 한번 가 봐야지 하셨던 곳 없으십니까? 스위스라든가, 프랑스 파리라든가……."

독일에 머물던 어느 날이었다. 일정에 여유가 있었고,

손동길은 장기려의 뜻을 묻고 있었다. 물론 TV를 즐겨 보지도 않고, 환자 치료하는 것 말고는 별다른 관심사가 없는 장기려가 딱히 가고 싶은 곳이 있을 리 없었다. 역시나 별 신통한 답은 돌아오지 않았다. 그러나 마지막 순간 장기려가 농담이라도 하듯 꺼낸 말이 심상치 않았다.

"글쎄, 특별히 가고 싶은 데는 없고……, 동베를린이나 한 번 가 볼까? 허허."

손동길은 순간 신경이 바짝 곤두섰다. 동베를린. 그때 독일은 우리와 같은 분단 국가였다. 다른 점이 있다면 독일은 동과 서로 나뉘었다는 것뿐이었다. 그 가운데 공산주의 정권이 장악하고 있던 동독 영토 안에 과거의 수도 베를린이 있었고, 전체 영토와는 별도로 그 도시의 절반을 다시 동과 서로 나누어 양 진영이 각각 지배하고 있었다. 말하자면 북한의 평양을 반으로 나누어 서쪽 평양은 자유주의, 동쪽 평양은 공산주의가 지배하고 있는 것과 비슷한 모양이었다. 그리고 서독은 남측과, 동독은 북측과 각각 수교를 맺고 있었기에 동베를린이란 말하자면 적국의 땅인 셈이었다.

그런데 동베를린에 가겠다니, 그것 자체만으로도 가슴

을 쓸어내릴 일이었다. 말끝을 웃음으로 마무리한 것 역시 장기려도 그 위험성을 충분히 알고 있기 때문이었다.

그때 방 안에는 그 두 사람 말고 한 사람이 더 있었다. 스스로를 하나님의 '종'이라 하며 이름 없이 선교 활동을 벌이고 있는 독일인 선교사였다. 그는 장기려 일행의 독일 여행을 안내하고 있었다.

그는 대화의 분위기가 순간 심상치 않음을 느꼈는지 무슨 걱정이라도 있느냐고 물었다. 손동길은 선생님께서 동베를린에 가 봤으면 좋겠다는 말씀을 하셨는데, 우리로서는 그것이 불가능하다는 것을 잘 안다고 말해 주었다. 그러자 그가 다시 되물었다.

"뭐가 걱정입니까? 동베를린에 들어가는 것은 가능합니다."

그때 독일에서는 동서독 사람들의 부분적인 왕래는 허용되고 있었다. 그러나 그것은 독일 사람들의 이야기일 뿐, 우리하고는 거리가 멀었다. 그렇게 국경을 넘은 죄로 간첩 누명을 쓰고 죽어 간 젊은이들이 이미 한둘이 아닌 까닭이었다.

"감사합니다만, 우리 한국 사람들은 그럴 수 없습니다.

여권에 남는 동독 쪽 기록만으로도 저희는 공산주의자로 몰려 처벌받을 것입니다. 그건 불가능합니다."

손동길이 설명하는 동안에도 장기려는 옆에서 멋쩍은 웃음만 흘리고 있었다. 손동길은 선교사와 대화를 하면서도 확실히 알 수가 없었다.

'선생님이 동베를린에 가고 싶다는 것은 진심일까? 동베를린에 가고 싶을 만한 이유가 없는데, 그런 무리한 말을 꺼낸 이유는 무엇일까?'

그러나 상황은 엉뚱하게 흘러가고 있었다. 그 선교사는 독일 외교부 관리를 겸하고 있었고, 아무도 모르게 동베를린을 돌아볼 수 있도록 해 주겠다고 제안했던 것이다. 손동길은 새삼 당황했다. 그리고 다시 장기려에게 물었다.

"선생님, 들어갈 수는 있다고 하는데 정말 가시겠어요? 거기 누구 아는 분이라도 계시는 겁니까?"

그저 농담이었다면 이쯤에서 거두어 주기를 청하는 마지막 질문이었다. 그러나 장기려는 뜻밖에 요지부동이었다.

"사람은 무슨……, 그래도 갈 수 있다면 한번 가 보자."

장기려는 고집을 부렸다. 그리고 그렇게 그들은 위험한 발길을 내디뎠다. 여권은 독일 선교사가 대신 맡아 두었고, 두 사람은 철조망 사이로 열린 문을 따라 흙마저도 붉을 것 같던 공산당 세상으로 한 걸음을 밟아 들어갔다.

바로 그 순간 손동길은 당황스런 상황을 목격하고 말았다. 장기려가 눈물을 흘리기 시작했던 것이었다. 장기려는 경계선을 한 발자국 넘어선 채 우뚝 서서 소리 없이 흐느끼고 있었다.

"선생님······."

장기려는 그 자리에 쭈그려 앉아 흙을 보듬으며 터져 나오는 울음을 씹어 삼켰다. 그리고 울음소리 사이로 얼핏 '택용이'라는 이름자가 가늘게 흘러나왔다.

"북쪽에서 인민군 장교로 징집되었던 첫째 아들 택용 씨가, 약학자가 되어서 가끔 국제회의에 나타난다는 소식을 들으셨던 모양이에요. 그런데 얼마 전에 아마 동베를린에서 열렸던 학술회의 참석자 명단에 장택용이라는 이름이 있는 걸 보신 모양인데, 그래서 이 흙이 우리 택용이가 밟았던 흙인가 싶어서 그리 눈물을 흘리셨던 게죠. 제가 그 모습을 보면서, '북에 있는 가족들 생각을 하시는구나. 내가 그 생각은 왜 못했을까' 했답니다."

옆에 섰던 손동길도 덩달아 눈시울이 젖었다. 지금 이

순간, 그가 밟고 선 동베를린의 흙과 바람은 어쩌면 북에 있는 가족이 밟고 살아온 그것과 같은 것일지 몰랐다. 장기려는 그 흙과 바람을 만지고 호흡하며 아주 긴 시간 동안 그렇게 흐느끼고 있었다.

27. 아내의 사진

1988년 가을. 한국에서는 제 24회 올림픽이 열리고 있었다. 앞서 열렸던 22회 대회는 소련의 모스크바에서 개최되었다. 그때 소련과 날카롭게 대립하던 미국은 결국 올림픽 참가를 거부해 버렸고, 미국을 중심으로 하던 자유 진영 나라들도 대부분 미국을 따라 올림픽 출전을 포기했다. 그리고 그 다음에 이어진 23회 대회는 공교롭게도 미국 로스엔젤레스에서 열렸는데, 이번에는 소련을 비롯한 공산권 나라들이 참가를 거부하는 바람에 올림픽은 두 번이나 연속으로 반쪽짜리 대회가 될 수밖에 없었다.

그러나 이번 서울 올림픽은 미국과 소련을 비롯한 전 세계의 거의 모든 나라들이 참가한, 그야말로 역사상 최대의 체육 행사로 열리고 있었다. 그래서인지 끝내 불참하기로 한 북한의 자리가 더욱 도드라져 보이는 대회이기도 했다.

전쟁으로 폐허가 된 절망의 땅에서 불과 40년도 지나지 않아 세계적인 체육 행사를 치르게 된 것이었기에 누구나 가슴이 뿌듯했다. 그러나 다른 한편으로는 씁쓸한 뒷맛도 없지 않았다. 세계에서 온 손님들에게 부끄러운 모습을 보여 줄 수 없다며 거리의 노점상들을 몰아냈고, 수많은 사람들이 어렵게 살아가던 달동네 판자촌을 포크레인으로 밀어낸 끝에 열린 잔치이기 때문이었다.

평소에 TV를 즐겨 보지 않던 장기려도 올림픽 개막식을 지켜보며 생각이 많아졌다. 암담했던 피난 시절이 떠올랐고 소련이니 중공이니 하는 공산주의의 대표 나라들까지 다 모여 어깨를 걸고 춤을 추며 평화를 이야기하는 이 마당에, 왜 같은 동포인 북한은 올 수 없는지 안타까웠다.

그러던 며칠 뒤, 미국에 이민 가 살고 있던 조카 장혜원에게서 우편물이 한 꾸러미 날아왔다. 그리고 그것을 풀어 본 장기려는 이게 과연 꿈이 아닌지 허벅지를 꼬집어 보아야만 했다.

편지의 내용은 이랬다. 장혜원이 북한으로 가 장기려의 가족을 만났으며 장기려와 가용의 사진과 소식을 전했다고 했다. 또 북에 있는 가족도 다들 아무 탈 없이 잘 살고 있더라는 내용도 들어 있었다. 그리고 동봉한 것은 북에서 가져온 아내와 자식들의 사진, 장녀 신용이가 쓴 편지, 그리고 아내의 목소리가 담긴 녹음테이프였다.

장기려는 떨리는 손으로 녹음기를 틀었다. 눈물이 앞을 가렸다. 아내의 목소리는 이렇게 시작하고 있었다.

"보고 싶고 그립고, 또 보고 싶은 당신께……."

장기려가 남쪽으로 내려오던 해, 그의 나이 마흔이었다. 이미 북쪽과 남쪽에 자식 다섯을 두었지만, 아직은 젊은 나이이기도 했다. 하지만 장기려는 그날 이후 내내 혼자 살았다. 누가 묻기라도 하면 장기려는 허허 웃으며 이렇게 말했다

"내 부모님을 모시겠다고 북쪽에 남은 아내가 있어. 또 남은 자식 넷을 혼자 키우고 있는 아내고 말이야. 그런 사람을 내가 어떻게 배신한단 말인가?"

이렇듯 그의 가슴속에는 한 순간도 잊을 수 없는 아내와 자식들이 살고 있었다. 직접 가서 볼 수는 없지만, 내가

이웃에게 잘해야 내 가족도 이웃에게 도움을 받을 거라 믿으며 한평생 마음을 달랬다. 그리고 수십 년 세월이 흐른 지금, 그토록 꿈으로만 만나던 아내의 얼굴과 목소리를 보고 듣고 있었다.

아내는 혜원에게서 장기려와 차남 가용의 사진을 받아 들자, 대뜸 장기려의 사진을 짚으며 '이게 가용이구나. 아버지 모습이 많이 들어 있어……' 하며 울먹였다고 했다. 그런데 그게 바로 장기려이고 옆에 있는 젊은 남자 사진이 가용이라는 설명을 듣고는 한동안 멍해지더라는 거였다.

정말 그럴 만도 했다. 반대로 받아 든 아내 김봉숙의 사진은 조금 안쓰러울 만큼 늙은 모습이었지만, 그에 비하면 장기려는 십년 이상 젊어 보이는 환한 얼굴이었다. 아마도 여러 모로 험한 일이 많았을 북쪽 땅에서 여자 혼자 시부모와 네 자식을 뒷바라지하느라 세월을 더 빠르게 탔기 때문일 터였다. 장기려는 기억 속에 남아 있는 40여 년 전의 모습을 단숨에 가로질러 넘어서 쪼글쪼글해진 할머니로 변한 아내의 얼굴에서 쉽게 눈을 떼지 못했다. 그리고 한꺼번에 밀려오는, 그 깊은 세월의 골짜기마다 묻어 있을 가족의 고통이 눈에 보이는 듯하여 다시 눈물을 쏟았다.

북에서 날아온 테이프에는, 사위의 기타 반주에 맞추어 아내가 부른 '봉선화'가 담겨 있었다.

울 밑에 선 봉선화야, 네 모습이 처량하다.
길고 긴 날 여름철에, 아름답게 꽃필 적에,
어여쁘신 아가씨들, 너를 반겨 놀았도다.

젊어서 피아노 독주회를 열 만큼 음악에 재능이 있던 아내의 목소리는, 다행이 아직 생생했다. 장기려는 그 노래 테이프를 듣고 또 들으며 40년의 잊혀진 세월 속을 아프게 날아다녔다. 그리고 목소리를 따라 노래를 부르다가 또다시 눈가를 훔쳤다.

28. 특권을 거부하고

처음 소식을 들은 뒤부터 몇 번인가 편지가 오갔다. 서로 만날 수는 없었지만, 편지를 주고받는다는 것만으로도 장기려는 행복했다.

사실 장기려는 아내의 편지를 받기 3년 전인 1985년에 가족을 만날 기회가 있었다. 그때 정부는 장기려를 비롯해 가족이 남북으로 헤어져 있는 저명인사 수십 명에게 방북을 허용하겠다는 제안을 해 왔다. 실제로 30여 명은 북한에 가 가족을 만나고 돌아오기까지 했다.

그러나 장기려는 놀랍게도 그 제안을 받아들이지 않았다. 그가 왜 그랬는지에 대해서는 소문도 많았고 추측도 분분했다. 하지만 수많은 이산가족을 두고 단 몇 사람만, 마치 특권을 가진 사람처럼 다녀온다는 것을 그는 못내 꺼려했다. 게다가 대통령이 만나자고 해도 그는 결혼식 주례를 부탁하러 오는 후학들과 선약이 있다며 거절했다.

꿈에 그리던 가족들을 만나게 해 주겠다는 제안이 받아들여지지 않자, 오히려 정부 사람들이 당황하기 시작했다. 그러자 그들은 청십자병원까지 찾아와서는 다녀올 것을 권하기 시작했다. 그러나 장기려는 요지부동이었다.

"이산가족들이 다 올라가서 가족을 만날 수 있다면 나도 가겠지만, 그들의 부러운 눈길을 받으며 가야 하는 거라면 가지 않겠소."

장기려는 35년 전, 대동강을 건너는 버스 차창 밖으로 힘겹게 걸음을 옮기던 피난민들의 부러운, 혹은 분노로 가득하던 눈길이 떠올랐다.

"박사님, 이건 대통령 각하의 특별한 배려입니다. 이걸 거절하시는 것도 국가원수에 대한 예의가 아니지요. 어떻게 박사님 생각만 하십니까? 북쪽에 계신 사모님이나 자식들 생각도 해 주셔야죠. 박사님을 얼마나 뵙고 싶어하겠습니까? 아무 말씀 마시고, 그저 저희가 하는 대로만 따라오십시오. 그럼 저희는 그러는 걸로 알고 이만 돌아가겠습니다."

분위기는 권유를 넘어 거의 협박처럼 되어 가고 있었다. 그것은 거절하기 힘들 만큼 고마운 것이기도 했지만, 마찬가지로 물리치기 어려운, 어찌 보면 두려운 협박이기도 했다. 장기려는 번쩍 눈을 뜨고 한마디로 쐐기를 박았다.

"좋소. 억지로라도 보낸다면 별 수 있겠소? 그런데 이것 하나만은 알아 두시오. 나는 가족들을 만나면 다시는 헤어질 수가 없소. 그런데 아내와 자식들을 데리고 내려오는 것은 아마 불가능할 테니까, 그러면 그냥 내가 거기 눌러앉아 죽을 때까지 살 거요. 내가 하나님을 믿는 사람이라 거짓말을 못 해서 드리는 말씀이니, 그래도 좋겠거든 보내 주시오."

무서운 이야기였다. 정부 사람 얼굴이 흙빛으로 변했다. 혹시라도 북한으로 가 그냥 남겠다는 그 말이 퍼지기라도 하면, 세상 사람들은 남쪽 정부에서 그동안 장기려를 억류해 왔다는 북측의 주장을 그대로 믿게 될지 몰랐다. 그렇게 되면 남북 관계는 물론 정부의 위신도 땅에 떨어질 판이었다. 결국 그들은 고개를 가로저으며 돌아가고 말았다.

그로부터 5년 뒤, 기회는 다시 한 번 찾아왔다. 무려 16년 만에 부활한 직접 선거에서 당선된 노태우 대통령은 총칼의 힘으로 집권했던 과거 정부와는 달라진 모습을 보이고 싶어했다. 그래서 제일 먼저, 북한과 평화로운 관계를 위해 노력하는 모습을 애써 보이려고 했다.

그 결과 1990년 8월, '민족 대교류 방침'이라는 것이 발표되었다. 남북 사이에 편지는 물론 자유롭게 오가도록 하겠다는 것이 주된 내용이었고, 그 첫 번째로 '이산가족 상봉 및 고향방문단'을 모집하기 시작했다. 그야말로 몇몇 특권층에게만 허락된 것이 아니라, 이산가족이면 누구나 신청을 하고 순서대로 가족과 만남을 허락해 주겠다는 것이었다. 장기려는 그제야 기쁜 마음으로 방북 신청을 했다.

그러나 진실된 마음 없이 남의 눈 때문에 시작한 일이 제대로 될 리 없었다. 늘 그래 왔던 것처럼 남북한은 사소한 감정싸움 때문에 또다시 큰일을 그르치고 말았다. 결국 눈앞에 다가온 듯했던 역사적인 이산가족 상봉도 순식간에 없던 일이 되어 버렸다.

차라리 절망에 익숙해져 있을 때보다, 어설픈 거짓 희망에 들떴다가 좌절된 마음은 곱절로 쓰라렸다. 장기려는 한동안 말을 잊었고 몸은 하루가 다르게 쇠약해져 갔다. 두 번째 뇌졸중 발작으로 쓰러진 것이 바로 그 무렵이었다.

장기려가 평양 기홀병원에서 만난 제자 가운데 현봉학 박사가 있었다. 그는 전쟁 중에 미군의 군사고문으로 일하면서 미군의 배를 이용해 흥남에 있던 피난민 십만여 명을 안전하게 부산으로 수송하는 공을 세운 사람이었다. 그는 미군과 함께 일한 인연으로 전쟁이 끝난 뒤 유학을 떠나 줄곧 미국에서 생활하고 있었다.

어느 날 현봉학 박사는 스승 장기려가 실의에 빠진 채

나날이 쇠약해져 가고 있다는 소식을 들었다. 현 박사는 얼마 뒤인 1991년 북한을 방문해 북한의 보건부장을 만나 장기려의 사연을 설명했다. 보건부장은 곧 부총리를 만나도록 해 주었고, 그들은 장기려만 원한다면 북한을 방문해 가족을 만나고 돌아갈 수 있도록 해 주겠다고 약속했다.

현봉학은 그 기쁜 소식을 곧장 부산으로 전했다. 전에도 특권은 싫다며 거절했던 장기려였지만, 사람들은 이번에는 그러기 어려울 거라고 생각했다. 이제 좀 더 늦으면 영영 만날 수 없을지도 모를 만큼 나이가 많아진데다가, 이미 한 번 기대를 품었다가 좌절한 경험 때문에 정신적으로도 많이 쇠약해져 있는 상태이기 때문이었다. 더구나 이번에는 어떤 정치적인 의도가 숨어 있는 것도 아니었다. 그러나 장기려는 이번에도 단호했다.

"몇 번 말해야 하겠나. 현 박사 수고는 감사하네만, 지금 속으로 피눈물을 흘리는 이산가족이 어디 한둘이냔 말이야. 그들과 함께 간다면 몰라도, 나 혼자는 갈 수가 없네."

모질다고 혀를 차는 사람도 있었다. 어쩌면 가족을 보고 싶은 마음이 별로 없는 게 아니냐고 하는 사람도 적지 않았다.

그러나 남의 눈치 때문도 아니었고, 다른 마음이 있어서는 더더욱 아니었다. 그저 장기려라는 사람만이 가진 특성일 뿐이었다. 그의 아내가 회상한 대로, 그는 '두 개가 있으면 죄인 줄 알고, 기어이 하나는 길에 있는 거지에게 줘 버려야 마음이 편했던' 그런 사람이었다. 수십 년이라는 세월이 지나 꿈에 그리던 가족을 만나는 순간마저도 혼자 독점하는 것에 죄의식을 느끼는 그런 사람이었다.

29. 희망, 그리고 절망

새로 대통령이 선출될 때마다 그들은 과거 정부와는 다르다는 점을 내세웠다. 그리고 그 증거로서 가장 쉽게 내세우는 것이 바로 남북 관계를 얼마나 평화적으로 만들어 가느냐를 보여 주는 것이었다.

그래서인지 대통령이 바뀔 때마다 그들은 새로운 방식으로 남북 이산가족 상봉에 대한 희망을 끄집어냈다. 1992년 새로 취임한 김영삼 대통령은 2년 전 무산되었던 남북 고향 방문단 교환이라는 제안을 다시 꺼내 놓았다.

일은 전보다 진지하게 되어 가는 것 같았다. 그리고 이번에는 정말 실향민의 고향 방문과 이산가족 상봉이 이루어질 것만 같았다.

남북 정부는 고향 방문단 교환에 뜻을 모았고, 각각 신청자를 모집했다. 장기려는 다시 희망에 들뜨기 시작했고 그 힘으로 몸을 추슬렀다. 사랑과 희망의 힘은 80이 넘은 중풍 환자의 몸에 다시 근력을 불어넣었고, 장기려는 다시 평화로운 웃음을 되찾았다. 일은 순조롭게 진행되었고, 장기려는 고향 방문 대상으로 선정되어 출발 날짜만 기다리고 있었다.

약속된 방북 일정을 얼마 남지 않았을 때였다. 장기려는 간호사 강명미 선생의 가족과 유순한 선생, 그리고 가까운 이들을 초청해 저녁 식사를 함께 한 적이 있었다.

"선생님은 아주 유쾌해 보이셨어요. 이제 며칠만 있으면 40여 년 동안 떨어져 있던 가족들을 만날 수 있다고 생각하셔서 그런지 아주 혈색도 돌고, 식사도 많이 하셨지요. 그래서 우리 아이들까지 초대를 해서 아주 즐겁게 식사를 하셨는데, 그러다가 문득 그런 말씀을 하시데요. '내가 북쪽에 가면 말이야, 그래서 가족들을 만나면 영화의 마지막 장면처럼 끝내고 싶어. 영화 끝날 때 보면 출연자들이 다 나와서, 여러분 감사했습니다 하고 손 흔들면서 끝이 나잖아. 그것처럼, 나도 그냥 그동안 감사했습니다 하면서 사라질 거야. 해피엔딩으로' 라고 말이에요."

연극이 끝나고 무대에 막이 내려졌다가 다시 올라가면, 출연자들은 모두 모여 관객에게 인사를 한 뒤 무대 뒤로 사라진다. 옛날 6,70년대 영화의 마지막 장면은 늘 연극의 마지막 장면처럼 만들었다. 마지막 자막이 올라갈 무렵이면, 영화 속에서 내내 사랑하고 미워하고 싸우고 죽이던 주인공들이 모두 다시 살아나서 카메라 앞에 모여 선 다음, '관객 여러분 감사합니다' 하고 모두 손을 흔들었고, 웃는 영상 위로는 '끝' 이라는 커다란 글자가 올라갔다.

장기려는 바로 그런 장면을 말했다. 무슨 뜻이었을까. 함께 식사를 하던 이들은 그 애매한 말뜻을 다 이해하지는 못했지만, 분위기는 숙연해졌다. 가장 아끼던 제자이자 후배의 한 사람인 박영훈 복음병원 명예 원장도 비슷한 기억을 말한다.

"북쪽에 가시기로 되어 있던 며칠 전에, 문득 이런 말씀을 하셨어요. '내가 말이야 북에 가서 가족을 만나면, 거기서 소천(召天 : 하늘의 부름을 받음, 죽음을 뜻하는 기독교 말)을 해야지 어쩔 수가 있겠나?"

이렇듯 장기려는 수백 번도 넘게 생각했을 것이다.

'북에 가서 아내와 자식들을 만난다. 그러면 행복할 것이다. 그렇지만 곧 다시 내려와야 한다. 그럴 수 있을까? 아니다, 절대 그럴 수 없다. 헤어져 살아온 40년 세월도 까마득한데, 다시 만나서 품에 안은 그들을 어찌 다시 버리고 온단 말인가. 그렇다면 어쩔 것인가. 그냥 남아서 살 것인가? 그게 가능할까? 남북간에 다시 난리가 날 테고, 남쪽의 가용이는? 손주들은? 또 복음병원과 청십자 가족들은 어떻게 되는 것일까?'

그래서 장기려가 꿈꾼 것은, 영화의 마지막 장면처럼 사라지는 것이었다.

'그저 아내와 자식들 품에서 하나님이 불러 주시면, 그러면 못난 이 장기려를 보아 주신 여러분, 감사합니다. 저는 여기서 그만 떠납니다. 그렇게 끝낼 수만 있다면……'

어쩌면 장기려는 내내 간절히 그런 기도를 드렸을지도 모른다. 만남의 그날은, 남북에 가족과 이웃을 인질로 잡힌 채 평생을 분단의 잔인한 희롱에 시달린 장기려라는 가련한 인간의 마지막 희열과 절망의 종착점이 되려 하고 있었다.

장기려가 평생 믿어 왔던 하나님은, 너무 깊은 뜻을 가지셨기 때문인지 가끔 잔인한 장난을 치는 것처럼 보일 때가 있다. 평생 순종하는 종으로 살아온 장기려에게 일어난 일들은, 생각해 보면 지나치게 가혹한 것들이었다.

구약성서에 나오는 욥이라는 사람은, 너무나 진실되고 순종적인 종의 모습을 보인 나머지 시험 대상이 되었다. 그가 가족과, 재산과, 몸의 건강을 잃고서도 정말 끝까지 하나님의 뜻을 배신하지 않는지 시험해 보자며 사탄이 하나님을 졸랐기 때문이었다. 그러나 그는 끝까지 하나님을 원망하지 않고 뜻을 따랐으며, 그 결과 더 큰 재산과 가족의 건강으로 보상 받았다고 성서에는 적혀 있다.

그렇다면, 장기려도 이쯤이면 더 큰 만남과 사랑의 기쁨으로 보상을 받는 것이 당연하지 않을까? 그러나 아직 시험이 끝나지 않은 것인지, 그 마지막 희망마저 거짓말처럼 꺾여 버리고 말았다.

남과 북은 다시 유치한 신경전을 벌이기 시작했다. 북

한은 장기려가 애초에 남쪽으로 납치된 것이니 전쟁 포로 이인모 노인과 함께 북으로 완전히 송환하라는 요구를 갑자기 꺼내었다. 그러자 남쪽에서도 펄쩍 뛰며, 고향 방문조차 허용할 수 없다는 식으로 나섰다. 그 결과 애초의 고향 방문단 교환에 대한 합의 자체가 깨져 버리고 말았다.

장기려는 몇 겹의 절망과 허탈 속으로 내던져졌다. 물론 하나님과 자신의 운명을 저주하거나 원망한 것은 아니었다. 입에서는 오히려 감사와 용서를 비는 기도가 끊이지 않았다. 그러나 그의 몸만은 그런 절망의 모진 발길을 더 이상 견뎌 낼 수 없는 지경에 빠져 있었다.

얼마 뒤, 모진 악몽 속에서 시달리다가 깨어난 장기려는 몸의 오른쪽 절반을 움직일 수 없는 상태가 되고 말았다. 그에게 세 번째 찾아온 뇌졸중 발작이었다.

어쩌면 장기려는 삶의 나머지 활력을 가족을 만나는 그날까지만 쓰기로 작정을 하고 있었는지 몰랐다. 꿈꿔 왔던 영화의 마지막 장면 같은 순간을 위해, 그는 삶의 마지막 에너지를 미리 끌어내 불태우고 있었는지도 몰랐다. 그래서 만남의 그날이 지난 뒤 몸을 움직일 힘은 미처 남겨 두지 못했을 것이다. 그러나 아직 만남의 날은 손꼽을 수 없을 만큼 멀리 있었다.

장기려는 이제 거의 말을 하지 않았고, 몸을 움직이지 못했다. 사람들은 어느새 '남북 관계가 원래 그렇지' 하며 잊어 버렸고, 장기려라는 사람의 안타까운 사연도 더 이상 화제에 오르내리지 않게 되었다. 장기려는 그렇게 잊혀져 가기 시작했다.

30. 낙조

장기려는 집이 없었다. 집을 살 만한 돈을 가져 본 적이 없었기 때문이었다. 그래서 그는 늘 누군가가 빌려 준 거처를 전전했고, 그 거처가 다른 계획에 쓰일 때는 전 재산인 가방 한 개를 들고 나섰다.

80년대 후반에 복음병원은 병원 꼭대기에 장기려를 위한 관사를 마련해 주었다. 원래는 구내 교환실로 쓰기 위해 지은 곳이었다. 스물네 평 남짓한 크기에 방 두 개와 아담한 거실이 있는 그곳은, 7층까지 이어진 엘리베이터에서 내려 철 구조물을 손으로 잡고 가파른 계단을 두 굽이 올라서야 닿게 된다. 저녁 때 눈을 감으면, '철컹, 철컹' 엘리베이터 오르내리는 소리가 신경을 긁어 잠을 이루기 어려운 곳이다. 말 그대로 옥탑 관사. 겨울이면 춥고, 여름이면 더운 곳이기도 했다.

그러나 창문을 활짝 열어 놓으면 송도 앞바다가 시원하게 눈에 들어오는 상쾌한 곳이었다. 그곳에서 장기려는 엘리베이터 오르내리는 진동을 파도 소리로 느끼며 잠들고 깨었다. 뇌졸중을 겪기 시작하면서는 굳은 몸의 반쪽을 나머지 성한 반쪽으로 이끌고 오르내리기 힘에 겨웠지만, 그래도 그에게 주어진 가장 안락한 쉼터였다.

그곳에서 그는 사랑하는 이들을 초대해 함께 식사를 하고, 차를 마시고, 이야기를 나누었다. 그러다가 창을 활짝 열어도 바람이 시원한 가을 저녁이면, 얼핏 지는 노을을 보며 평양에서 아내에게 배운 노래를 부르곤 했다.

단풍잎은 떨어져서
뜰 앞을 쓸고 나간다.
누른 국화 향내는
바람을 따라 살며시

> 처량한 가을이여,
> 장미수풀 우거진
> 넓은 들을 넘어서
> 금강사가 반짝이는 곳까지
> 넘어가는 해가 아름답게 되였다.
> 붉은 물 풀어 놓은 것 같이
> 찬란하다 낙조.

장기려는 반신불수의 몸이 되어 제 몸 옮기는 것도 쉽지 않은 그 순간에도 환자를 떠날 수는 없다고 고집했다. 그는 굳이 환자를 보았다. 한때 하루에 백수십 명을 돌보던 그였지만, 이제는 하루 열 명이 벅찼다. 환자의 가슴까지 청진기를 들어올리기 힘에 겨워 간호사가 한 팔을 부축해 올려야 했고, 꼭 들어찬 옥수수처럼 정갈하던 처방전의 필체는 어쩔 수 없이 옆으로 누워 흘렀다.

그러나 여전히 환자들은 장기려에게 몸을 보이고 싶어 했고, 그들을 다 돌보지 못하는 장기려는 다시 죄책감 때문에 우울했다. 그러면 그는 따르지 않는 몸 대신에 마음으로나마 이웃을 돕기 원했다. 그래서 환자들과 끊임없이 편지를 나누어 마음을 돋우고, 또 그들을 위해 기도하는 데 마지막 힘을 모았다.

"장 박사님께,

보내 주신 편지 감사히 잘 받았습니다. 병든 이웃을 돌보아야 되고, 말씀도 전해야 되고, 너무너무 하시는 일이 많으십니다. 부디 건강하셔서 오랫동안 좋은 일 많이 하시어 하나님 영광 나타내십시오. 저도 박사님의 건강을 위해 기도드립니다.

저도 이제 건강이 좀 좋아져서 밥도 조금씩 먹고, 잘 지내고 있습니다. 변하지 않는 주님의 사랑에 감사합니다. 저에게도 어서 나아서 건강을 허락해 주실 것을 믿고 기도드립니다.

…… 박사님, 환절기에 꼭 건강하세요. 안녕히 계십시오. ○○○ 올림"

"○○○님께,

오늘 주신 글월 감사히 읽었습니다. 건강이 하루하루 좋아진다고 하오니 하나님에게 감사드립니다.

…… 병상은 이 세상 현실에서 보면 괴롭고 외로움의 연속이라 하겠으나, 하늘나라를 사모하는 영의 마음으로 보면 축복과 은혜의 때라고 할 수 있을 것입니다. 그 축복의 말씀을 여러 환자들에게 들려주시기 바랍니다.

나도 육신은 점점 늙어 가고 쇠약해 가지만, 속사람은 날로 새로워져 가서 나중에는 사탄을 이기고 승리할 것을 믿고 싸우고 있습니다……."

31. 종들의 모임

교회는 언제나 장기려에게 안식과 위로가 되어 주고 힘을 주는 곳이었다. 그래서 지치고 절망에 빠졌을 때마다 장기려가 찾아 눈물을 흘리며 기도하는 곳도 교회였고, 어떤 선택을 해야 할지 모를 갈림길을 만날 때마다 도움을 구한 것도 교회였다. 그래서 의사라는 일과 동시에 그를 설명하는 가장 중요한 단어는 '장로'라는 교회의 직분이었다.

그러나 교회는 끊임없이 장기려를 곤란하게 하고, 구석

으로 몰아붙이기도 했다. 장기려가 교회의 관행과 형식을 따르기보다는 하나님의 뜻 안에서 너무나 자유로운 신앙의 태도를 보여 왔기 때문이었다.

우선은 함석헌이라는, 교단에서 꺼려하는 사람과 끊임없이 어울렸고, 그를 교회로 끌어들인 것에 대해 교회 안에서는 불만과 비판의 목소리가 적지 않았다. 그리고 복음병원 운영과 의과대학의 운영에 관해서도 교단의 요구에 장기려가 순순히 따르지 않는다고 여기는 사람이 적지 않았다. 혹 어떤 때는 장기려가 아무것도 하지 않고 가만히 있어도, 몇몇 비뚤어진 성직자들은 자신의 부정한 행위에 걸림돌이 되는 장기려를 걸고넘어지기도 했다.

그러나 장기려의 관심은 그들과 완전히 달랐다. 그가 관심을 가진 것은 오로지 하나님이라는 존재와 그가 창조하고 사랑한 사람에 관한 일이었다. 교회의 형식이나 교파, 또는 교회 조직에서 비롯되는 복잡한 일은 애초에 관심을 끌 만한 것이 되지 못했다. 따라서 그들이 누구를 좋아하건 싫어하건, 혹은 하나님이 아니라 교회의 필요에 따라 무엇을 요구하건 별로 신경 쓰고 싶지 않았다. 그런 장기려가 '종'들을 만나고 동행하기 시작한 것은 운명적인 것이기까지 했다.

장기려와 손동길은 1983년 무렵 특이한 선교사들을 만나게 되었다. 이들은 스스로를 '종'이라고 했고, 자신의 이름조차 쉽게 드러내려고 하지 않았다. 이들은 하나님을 전하면서 교회에 나가라고 하지 않았고, 그저 그리스도의 제자들이 그랬던 것처럼 저마다 가정에서 예배를 드리는 법을 가르쳐 주고는 떠났다. 설교를 한 뒤 어떤 대가도 바라지 않았고, 또 어떤 길로든 필요한 것 이상의 재물을 가지려고 하지 않았다. 그러나 '교회'라는 질서를 존중하지 않는 그들 역시 기존의 교회로부터 '이단'이라는 딱지를 받고 있었다.

장기려는 그들에게 감동을 받기도 했지만, 또 어느 만큼의 거리를 두길 원했다. 성직자들이 이단이라고 하는 이들과 교류는 하더라도 마음으로 받아들이기에 여전히 꺼려졌기 때문이었다. 그러나 1988년 무렵, 아시아를 여행하다가 태국에서 만난 '종'에게서 중요한 것을 배우게 되었다.

그곳 어느 빈민굴의 한 구석에서 거적때기 하나만 두르고 그저 앉아 있는 '종'을 만난 장기려는 물었다.

"여기 얼마나 계셨습니까?"

"한 20년 넘었습니다."

"그동안 얼마나 많은 이웃에게 전도를 하셨습니까?"

"글쎄요, 한 다섯 명 되는 것 같습니다."

"다섯 명이요? 아니 20년 동안 겨우 다섯 명이요?"

장기려는 실망했다. 환자를 돌볼 때마다 하나님을 전하고, 또 시간이 있을 때마다 거리에서 전도지를 돌리며 하나님을 믿으라고 외쳤던 그의 눈에는, 도대체 20년 동안 몇 명 되지도 않는 사람에게 하나님을 전했다는 그가 '게으른 종'으로만 여겨졌기 때문이다. 그리고 그런 시간 낭비를 하며 이런 거지꼴로 앉아 있는 것이 도대체 무슨 의미가 있겠는가 생각했기 때문이다.

"시간 낭비를 하고 계셨구먼."

그러자 그 '종'은 조용하고, 간단하게 답했다.

"하나님은, 그 숫자를 기뻐하지 않으십니다."

불교를 국교로 삼는 태국은 불교를 뺀 종교들에 대해 '믿을 자유'는 인정하면서도 '선교할 자유'는 인정하지 않고 있었다. 즉, 사람들이 기독교를 스스로 믿는 것은 허용하지만, 믿을 것을 권하는 것은 금지되어 있었다. 따라서 길에 나서서 믿으라고 외치는 것은 불법이기 때문에,

스스로 찾아오는 이에게 말씀을 전하려 그렇게 그는 거지처럼 앉아있었던 것이다. 어쩌면 그는 그를 불쌍히 여겨 동냥을 주러 오는 이에게, 그걸 마다하며 비로소 말씀을 전할 기회를 얻는지도 몰랐다.

그날 밤, 장기려는 잠을 이루지 못했다. 자신이 생각하고 있던 많은 것들 가운데 아주 중요한 것 한 가지가 빠져있음을 배웠기 때문이었다. 그것은 다름 아닌 '얼마나 많은 일을 했는가' 보다는 '얼마나 진실로 사랑하는 마음을 가지고 최선을 다했는가' 하는 것이었다.

장기려는 한국으로 돌아와 부산 앞바다에서 다시 세례를 받았다. 세례는 이전의 모든 것을 씻어 내고 새로운 것을 받아들이는 의식이었다. 그리고 부산모임을 해체하고 종들을 따라 모이기 시작했다. 이름이 없던 그 모임은, 장기려가 붙인 대로 '종들의 모임'이 되었다.

32. 내 흉상을 만드는 자, 지옥에 떨어지리라

어떤 이는 장기려의 삶을 가리켜, '지긋지긋한 삶'이라고 역설적으로 표현했다. 그의 삶을 곁에서 지켜보기만 하더라도, 죄책감을 일깨워 괴롭게 만드는 잔인한 삶이라는 것이다. 그래서 '하루를 그렇게 살라면 그럴 수 있다. 아니 1년이나 10년도 그럴 수 있을지 모른다. 그렇지만 어떻게 평생, 쉼 없이 그럴 수 있다는 말인가' 하고 고개를 절레절레 흔드는 이도 있었다. 정말, 만일 우리가 남 보기에 '착한 사람', 혹은 '대단한 사람'이 되기 위해 그렇게 살 수 있다면, 그건 정말 엄청난 일이 될 것이다.

70년대 초반 언젠가, 장기려는 손동길에게 함께 시장에 다녀오자고 청한 일이 있었다. 손동길이 무엇 살 것이라도 있느냐고 묻자, 장기려는 입원실의 한 환자가 입고 있는 내의가 거의 누더기더라며 한 벌 사다가 입혀야겠다고 했다. 그리고 시장에서 어느 상인을 만나 흥정을 시작했다.

"400원짜린데, 뭐 300원에 가져가세요."

상인은 느물느물하게 상술을 썼다. 흔히 하는 말로 '밑지고 팔겠다'는 뻔한 거짓말을 한 것이다. 그런데 마주치는 장기려가 더 대단했다.

"어허, 이 양반! 내가 한국 사람들이 왜 가난한가 했더니, 이래서 그렇구먼. 여보시오, 400원짜리면 500원은 받아야지 왜 300원을 받소? 계산이 영 엉터리군. 옛소, 500원이오."

당황한 것은 상인이었다.

"아니, 그게 아니라, 300원만 내시면 된다니까……."

"됐소, 많이 파시오. 앞으로는 돈 잘 챙겨 받으시오."

장기려는 냅다 돈을 던지고는 내의를 챙겨 돌아 걸었다. 손동길은 고개를 가로저으며 따라 나섰다.

손동길은 그때 일을 이렇게 되돌아보았다.

"내가 그래 생각했습니다. 아하, 이래서 '장바보'구나. 그 장사꾼 얄팍한 거짓말에 그렇게 홀랑 넘어가다니. 그래서 속으로 좀 불뚝해 가지고 제가 이래 쏘아붙였습니다. '아이고, 선생님. 그 상인 말을 그대로 믿습니까? 그게 400원짜리라는 걸 믿어요? 그거 사실은 200원 하니까 300원에 파는 거 아닙니까? 선생님 속으신 겁니다.' 그랬죠. 그랬더니, 선생님이 다시 이렇게 말씀하시더군요. '야, 내가 그걸 몰라서 속은 줄 아니? 그 사람 말을 안 믿고 더 깎아 보려고 했으면, 그 사람 평생 더 크게 거짓말하고 살았을 거다. 그런데 내가 믿어 줬으니 앞으로는 거짓말할 때 겁이 날 거야. 나 말이야, 앞으로 사람 믿어 주기 운동을 해야겠다, 결심했어' 이러시는 거예요. 내가 놀랐죠. 그리고 생각했죠. 아, 이분은 마음속 자체가 그냥 그렇게 되어 있는 사람이구나. 바보라서 그런 게 아니구나."

그의 마지막 순간 즈음에는 이런 일이 있었다. 사람들이 흔히 '장기려의 둘째 아들'이라고 하던 애제자 양덕호 박사는, 나중에 흉상이라도 하나 만들려면 장기려 생전에 입체사진 한 장 찍어 두어야겠다는 생각을 했다. 그래서 1993년 즈음의 어느 날, 병실로 입체사진 기사를 데리고 들어섰다.

"선생님, 이분은 입체사진을 찍으시는 분인데, 선생님을 좀 찍으려고 왔습니다. 잠깐 일으켜 앉혀 드릴 테니까, …… 요렇게 여덟 방면에서 찍을 거거든요. 그러면 나중에 그걸로 선생님 흉상을 만들어서 후배들에게 선생님 모습을 알려 줄 수 있을 겁니……."

말이 채 끝나기 전이었다. 눈치가 빠른 이들은 장기려의 얼굴이 무섭게 일그러지고 있는 것을 보았다. 그리고 부축을 해 주지 않으면 상반신 일으키는 것도 힘에 부치던 장기려에게 벼락 같은 힘이 솟아났다. 벌떡 몸을 일으킨 장기려는 촬영을 준비하던 이들에게 손가락질을 하며 버럭, 떠나갈 듯 소리를 질렀다.

"내 흉상을 만드는 자는 지옥에나 떨어져라!"

그 한마디를 지르고는 풀썩 누워 눈을 질끈 감았다.

영문도 모르고 장비를 꺼내고 있던 촬영기사는 벼락을 맞은 듯 튀어나가 줄행랑을 쳤고, 병실에 있던 사람들은 무릎이 풀려 주저앉기 직전으로 질려 버렸다.

물론 양덕호 박사는 장기려를 사랑하는 마음에서 벌인 일이었다. 그러나 그것은 장기려가 원하는 일은 아니었다. 그는 막사이사이상을 받아 들고서 오히려 '명예를 위해 한 일이 아닌 게 아니었다는 것이 증명되었다'며 반성했던 사람이었기 때문이다.

33. 바다에 뿌려 다오

1995년. 전두환과 노태우 두 대통령이 법정에 섰다. 각기 대통령의 권력을 이용해 부정한 방법으로 모은 수천억 원의 비자금을 숨겨 놓고 있었음이 밝혀졌기 때문이었다.

세상은 새삼 시끄러웠고, 사람들의 마음은 허탈했다.

그해 들어서면서, 장기려의 병색은 눈에 띄게 깊어졌다. 평생 돌보았던 병상에 그 자신이 누워서 일어날 줄 몰랐다. 때로는 의식이 흐려지기도 했다.

서울대학교 의과대학에서 교수로 일하던 장가용은 아버지를 서울로 모셨다. 박영훈과 정기상을 비롯한 복음병원의 오랜 식구들은 직접 장기려를 돌보기 원했지만, 평생 떨어져 지낸 아버지의 마지막 병든 몸만큼은 빼앗기고 싶지 않았던 친아들의 뜻을 돌릴 수 없었다. 장기려는 자신을 위해 모교에 교수 자리를 마련해 놓고 기다리다가, 전쟁 중에 실종된 스승 백인제의 뜻이 살아 있는 서울 백병원에 누웠다.

마지막이 다가오고 있음을 느낀 장기려는 친아들 가용과, 아들 못지않게 가까이 했던 손동길을 불렀다. 그리고 두 사람의 손을 자신의 엉치뼈 밑에 넣도록 했다. 엉치뼈 밑에 손을 넣는 것은 그의 뜻을 반드시 따르겠다는 맹세의 의미로서, 구약성서에 전해 오는 유언 의식이었다. 장기려는 두 사람으로부터 단단히 맹세를 받을 일이 있었던 것이다.

캐묻지 않고 손을 묻은 두 사람에게 장기려는 마지막 부탁을 전했다.

"내가 하늘나라로 떠나거든, 장례식은 치르지 말고, 내 몸은 태워서 부산 앞바다에 뿌려 주기 바란다. 약속할 수 있겠느냐?"

손동길은 순간 가슴이 뜨끔해져 옴을 느꼈다. 그리고 곁의 장가용을 넘겨보았다.

"아버지……."

마치 아비 없는 자식처럼 자란 가용이었다. 그에게 아버지는, 남들처럼 돈을 벌어다가 좋은 옷, 좋은 밥을 먹여 주는 사람이 아니었다. 오히려 집에 좋은 것이 생기면 지나가는 걸인이라도 불러다가 먹이고 입히는 것이 아버지였고, 아들에게는 따뜻한 말 한마디 할 겨를이 없는 그런 사람이었다. 아들 공부 걱정은커녕 공부하라고 잔소리를 한 적도 단 한 번 없었다. 입 밖에 낸 적은 없었지만, 가슴 가득 불만을 품고 살던 지난날도 없지는 않았다.

다 자란 뒤에는 결혼한 아들 집 한 채, 아니 방 한 칸 마련해 주지 못했고, 모시고 살고 싶은 뜻조차 따라 주지 못하는 아버지였다. 결혼 뒤에 그가 아버지 장기려와 한 지붕 아래서 생활했던 것은 불과 서너 달도 되지 못했다. 그런데 이렇게 병들어 떠나려는 몸이나마 모셔 와서 곁에 두고 있는 것으로 따뜻함을 느끼는 아들에게, 아버지는 자신의 몸을 태워 바다에 뿌려 달라고 한 것이다. 마지막 떠나는 길에 장례식을 치르는 자식의 도리마저, 그리고 해마다 찾아뵙고 그리워할 권리마저 허락하지 않으려는 것이었다.

"아버지……"

그러나 어떤 말도 입 밖으로 새어 나오지를 않았다. 그저 두꺼운 검은 안경테 아래로 질척한 습기가 번지고 있었고, 입에서는 아버지, 아버지를 다시 부를 뿐이었다.

장기려는 담담히 다시 물었다.

"약속…… 해 줄 수 있겠느냐?"

도저히 거부할 길 없는, 마지막 부탁이었다. 손동길이 다른 한 손을 장가용의 어깨에 올리고, 그에게 고개를 끄덕여 보였다. 뒷일이야 어찌 되었든, 우선 아버지 말씀을 들어드리라는 표정이었다. 장가용도 달리 어쩔 수가 없었다.

"예……, 아버지, 아버지……"

그로부터 며칠 되지 않았다. 1995년 12월 24일. 장기려는 만 84세를 일기로 숨을 거두었다. 단돈 몇 푼어치의 개인적인 즐거움도 허락받지 못하고, 가족과 마지막 만남마저 이룰 수 없었던 한 사람의 죽음에 대한 연민으로 낮은 흐느낌이 멎지 않았다. 그리고 그가 없는 세상이 갑자기 쓸쓸해진 것을 참지 못해 흘리는 눈물이 새벽까지 이어졌다.

그날 새벽, 라디오 칼럼을 진행하던 이만열 교수(숙명여대 사학과)는 '방금, 우리는 우리 곁에 있었던 성자를 떠나보냈다'는 소식을 전하며 목소리를 떨었다.

전종휘는 장가용과 손동길을 불러 앉혔다.

"너희 둘이 상복을 입어라. 장례식 준비를 서둘러야겠다. 장지도 준비를 해야겠고."

순간 두 사람은 움찔했다. 장례식 없이, 화장해 달라던 장기려의 유언에 이미 맹세를 하고 있었기 때문이었다.

"어쩌면 좋지?"

장가용이 먼저 물었다. 그러나 그의 눈빛과 말소리에는 이미 마음이 결정되었음이 드러나 있었다. 아버지와 자식 사이의 마지막 정 때문에 절대 장기려의 유언을 따를 수는 없었던 것이었다. 손동길도 달리 뭐라 말할 수가 없었다.

결국 두 사람은 장기려의 마지막 뜻을 따라 주지 못했다. 혹 그들이 따르려 했어도, 그 새벽에 소식을 듣고 달려와 흐느끼고 있는 이웃들의 마음이 그것을 용납하기는 어려웠을 것이었다. 장기려의 방식으로 장기려를 사랑하기에는, 이들의 사랑이 아직은 너무 소박하고 어린 것이었기 때문이었다.

장례식은 치러졌다. 복음병원과 청십자병원, 그리고 옛 청십자조합 직원과 조합원들이 모였다. 그리고 생전에 그의 사랑을 받았던 이들과, 또한 그를 한 번도 보지 못했던 수많은 이웃들이 모여 애통해했다. 떠나기 전 신앙 생활을 함께했던 '종'들도 먼발치에서 함께했다. 그리고 그의 몸은 부산 앞바다가 아닌 경기도 마석에 있는 모란공원에 묻혔다.

34. 맺으며

장기려, 그리고 그와 함께했던 이들의 이야기를 이제 마쳐야 한다.

식민 지배와 전쟁, 가난과 고통에서 신음하는 땅에서 태어나 하나님이 주신 소명대로 살고자 했던 의사. 둘로 나뉘어 서로 총부리를 겨누는 철책선 이쪽저쪽에 가족을 인질로 잡힌 채 살아갔던 아버지. 그리고 권력과 돈과 명예의 비열한 힘겨루기의 틈바구니에서 85년 동안 순수한 마음 하나로 살며 바보란 소리를 들었던 한 사람, 장기려. 그래서 그의 삶은 너무나 위대하고, 동시에 너무나 가련하다.

성경에는 천국으로 가는 길은 좁고 험한 길이라고 적혀 있다. 그래서 드넓고 평탄해서 사람이 많이 다니는 길이 아니라, 그늘지고 거친 길로 가라고 가르친다. 그런데 굳이 천국 가는 길이 아니라도, 많은 사람이 가는 대로 따라가다 보면 길을 잃기 쉽다. 그래서 정해 놓은 목적지가 있다면 자신의 눈과 감각으로 찾고 밟아야만 제대로 방향을 잡을 수 있는 법이다. 우리는 과연 어떤 길을 가고 있는 것일까?

돈이 없어 죽어 가는 이웃이 역한 냄새를 풍기며 쓰러져 있다면, 넓고 평탄한 길은 그 이웃을 빙 에둘러 돌아가며 이어진다. 그것이 많은 사람이 다니는 길이며, 역한 냄새와 쓸데없는 골칫거리를 피해 가는 길이다. 대신 좁고 험한 길은 그 이웃의 곁으로 다가와 이마를 짚어 보고 숨소리를 들어 보는 자리에 있다. 죽어 가는 사람을 두고 피해 다니는 '놀라운' 일이 너무나도 '당연한' 일로 뒤집히고, 그를 보살피는 '당연한' 일이 실로 '놀랍고 위대한' 일로 뒤집히는 것을 우리는 당연하게 여기며 살아간다.

장기려가 걸었던 길은 좁고 험한 길이었다. 그래서 참 외롭고 쓸쓸한 길이기도 했다. 아무도 강요하지 않는 그 좁고 험한 길을 골라 다닌 장기려를 우리는 '바보'라고 하고, 이제 다시 '참사람'이라고 한다. 그리고 장기려의 삶에 대해 경의와 찬사를 보내는 것보다 중요한 것은, 그의 삶에 비추어 자신의 모습을 되돌아보는 것이다.

그의 바보 같은, 혹은 위대한 삶은 아직 진행되고 있다. 장기려 선생이 생전에 정성을 기울였던 간질환자 치료활동 단체인 '장미회'가 국경을 넘어 해외로까지 이어지고 있고, 서울과 부산에서 장기려의 후배들이 가난한 이웃을 위한 무료 진료 활동을 이어 가고 있다. 그리고, 장기려를 한 번도 보지 못한 젊은 의사들이 돈벌이가 아닌 인간의 몸을 중심에 두는 의술을 펴기 위해 장기려를 본받아 제2,

제3의 청십자조합인 '의료생협'을 만들어 나가고 있다.

'우리 모두 장기려가 되자'고 한다면, 그것은 무책임한 이야기다. 가능한 이야기가 아니기 때문이다. 심지어 '우리 모두 장기려를 생각하자'는 것도 쉬운 일은 아니다. 생각할수록 괴로울 것이기 때문이다. 그러나 그런 괴로움조차 느끼지 못한다면, 그것이야말로 가장 심각한 질병일지 모른다. 장기려의 삶을 통해 비록 고통스럽더라도 삶의 기운을 되찾기를 바라는 마음으로 글을 맺고자 한다.

그의 삶을 돌아보는 내내 괴롭고 부끄러웠다. 그리고 한 번도 만난 적 없는, 그가 그리웠다.

연표

1911년 8월 14일. 평안북도 용천에서 태어남

1923년 2월. 의성소학교 졸업

1928년 3월. 개성 송도고등보통학교 졸업

1932년 3월. 경성의전 졸업

1940년 3월. 평양 연합기독병원(기홀병원)에서 외과 과장으로 일함(~1945. 8)

1940년 9월 19일. 맹장염 연구로 의학 박사학위 취득(일본 나고야제국대학)

1945년 11월. 평양도립병원 원장으로 일함(~1946. 12)

1947년 1월. 평양의과대학(김일성대학 의대) 외과 교수로 일함(~1950. 11)

1950년 12월 3일. 피난길에 나섬(12월 18일 부산 도착)

1950년 12월 21일. 제 3 육군병원에서 일함

1951년 6월. 복음병원 개원

1953년 봄. 부산으로 피난 온 서울의대 교수직을 겸함

1953년 7월 27일. 휴전 협정 조인

1954년 8월. 밤 기차를 타고 주마다 서울과 부산을 오가기 시작함

1956년 6월. 송도복음병원 새 건물 완공 / 부산대로 옮긴 뒤 부산모임 시작

1959년 2월. 우리나라 최초로 간암 제거 수술 성공(1961년 대한의학회 학술상 수상)

1959년 9월. 사라호 태풍으로 큰 피해 발생 / 부산기독의사회를 만들어 행려병자를 치료함(1960년 4월 부산시장상 수상)

1961년 10월. 미국 유학에서 돌아온 민병철 박사에게 선진 의술을 배우기 위해 부산대학을 그만두고 서울대학으로 옮김

1965년 1월. 전종휘 교수를 따라 가톨릭대 의대 교수로 옮김

1965년 9월. 복음병원, 고신교단으로 편입됨

1968년 5월. 청십자의료보험조합 시작. 복음병원 부설 간호학교 개설(20명 입학)

1969년 봄. 스웨덴아동보호재단과 통합. 1970년 장미회(간질병 환자들을 위한 봉사단체) 활동 시작

1974년. 청십자조합이 보건사회부로부터 인가를 얻음

1975년. 부산시를 통해 청십자조합에 5천명 가입

1975년 8월. 복음병원 이사회가 장기려 정년퇴임 결정 / 청십자병원 설립.

1976년. 한국청십자사회복지회 건물 마련

1976년 4월. 복음병원장 정년퇴임(후임 원장 : 박영훈)

1976년 10월. 부산 아동병원 원장 및 이사장 맡음

1977년. 전 국민 의료보험 시작

1979년 8월. 막사이사이상 수상

1985년. 의료보험법 개정, 지역의료보험 시행 / 청십자의료보험 조합 해산 / 정부의 이산가족 상봉 제안 거절 / 부산 장애인재활협회 초대 회장 맡음

1988년. 부산모임 해산 / 북측 가족들의 편지와 사진을 받음

1991년. 현봉학 박사를 통한 방북 제안 거절

1992년. 북한이 장기려를 송환하라고 요구함 / 그 때문에 남북 고향방문단 교환 합의 무산됨 / 뇌졸중 일으킴

1994년. 정상회담 합의. 그러나 갑작스런 김일성 사망으로 무산됨

1995년 12월 24일. 서울 백병원 중환자실에서 돌아가심